AF189116

Ghana entdecken

Reiseführer
durch das Reich der Ashanti

Über die Autorin:

Beatrice Sonntag ist eine deutsche Reisebuchautorin, Bloggerin und Weltreisende, die schon mehr als die Hälfte aller Staaten dieser Erde besucht hat. Sie hat seit 2011 sechs Bücher mit Reiseerzählungen veröffentlicht, 2014 einen Reiseführer über Bhutan, 2015 einen Reiseführer über Burkina Faso und 2016 einen Reiseführer über Mosambik sowie einen über Weißrussland geschrieben. Nun erscheint der Reiseführer über Ghana, ein weiteres afrikanisches Land, zu dem es nur wenig Literatur in deutscher Sprache gibt.

Beatrice Sonntag

Ghana entdecken

**Reiseführer
durch das Reich der Ashanti**

Cape Coast Castle

ISBN: 9783744813242
© 2017: Beatrice Sonntag
Bilder: Katharina Haller
Herstellung und Verlag: BOD – Books on demand
Norderstedt

Inhaltsverzeichnis

Sargbauer südlich von Accra

Einleitung

Ghana liegt in Westafrika und hat im Süden eine 540 Kilometer lange Küste am Golf von Guinea. Das Land grenzt an die Elfenbeinküste im Westen, an Burkina Faso im Norden und an Togo im Osten.
Es handelt sich um eine ehemalige britische Kolonie, weshalb noch heute englisch die Nationalsprache des Landes ist. Die Ashanti sind eine der größten und bekanntesten ethnischen Gruppen in Ghana, aber es gibt neben ihnen auch zahlreicha andere Völker, was Ghana zu einem abwechslungsreichen Reiseziel mit vielen Kulturen und Sprachen macht.

Der Kulturreichtum des Landes ist wohl sein größter Schatz, aber in letzter Zeit werden auch immer mehr Bemühungen im Naturschutz unternommen. Schon heute sind einige Nationalparks und Schutzgebiete einen Besuch wert.
Der Voltasee ist einer der größten Stauseen der Welt und prägt den kompletten Osten des Landes. Die südliche Region ist wegen ihrer Nähe zum Meer und der dort liegenden Hauptstadt am dichtesten besiedelt. Wer sich in den Norden des Landes begeben will, muss sich abseits der touristischen Pfade bewegen.

Übersichtskarte

Top 10 in Ghana

1) Accra
Die Hauptstadt Accra ist eine der lebendigsten Städte in ganz Afrika und bietet eine Vielzahl an Museen und Restaurants sowie ein reges Nachtleben.

2) Cape Coast und Elmina
Die beiden historischen Städte Cape Coast und Elmina beherbergen einige eindrucksvolle Festungen, die einst das Zentrum des Sklavenhandels der Region darstellten.

3) Bestattungszeremonien
Bei den farbenfrohen traditionellen Bestattungszeremonien der Ashanti spielen Menschen in eleganten bunten Gewändern laute Musik.

4) Kumasi
Die Hauptstadt des Ashanti-Reiches verzaubert mit einem quirligen Markt und den von der UNESCO unter Schutz gestellten Fetisch-Schreinen.

5) Wli Wasserfälle
Die Wli Wasserfälle sind die höchsten Wasserfälle in Westafrika und liegen in einem Tierschutzgebiet in malerischer Landschaft.

6) Kakum Nationalpark
In diesem Schutzgebiet wächst dichter Regenwald, der zahllose Vogelarten und andere Tiere beherbergt.

7) Ada Foah

Diese kleine Stadt liegt an der Mündung des Volta-Flusses und bietet traumhafte Strände sowie die Möglichkeit, Meeresschildkröten zu bewundern.

8) Busua und Akwidaa

Zwischen diesen beiden Küstenstädten im Westen von Ghana locken paradiesische Strände, die unter anderem bei Surfern beliebt sind.

9) Mole Nationalpark

Im Mole Nationalpark stehen die Chancen gut, afrikanisches Großwild wie Elefanten, Büffel, Antilopen und sogar Leoparden aus der Nähe zu betrachten.

10) Paga

Die Stadt Paga liegt an der Grenze zu Burkina Faso und ist berühmt für ihre heiligen Krokodile. Der hiesige Königspalast ist ein eindrucksvolles Beispiel des Sahel-Baustils.

Daten und Zahlen (Zahlen von 2014)

Ghana hat eine Fläche von 239.460 Quadratkilometern und liegt in Westafrika am Golf von Guinea.
Ghana hat 26 Millionen Einwohner, von denen etwa 2,3 Millionen in der Hauptstadt Accra leben. Neben Accra sind Tamale, Kumasi, Cape Coast und Tema die wichtigsten städtischen Siedlungen.
Der größte Flughafen des Landes ist der Kokota International Airport in der Nähe von Accra.
Das Klima in Ghana ist als tropisch zu bezeichnen. Im Süden ist es meist heiß und feucht, während es im Norden trockener ist. Die Regenzeit beginnt etwa im April und dauert bis Oktober an.
Etwa 71% der Bevölkerung sind Christen, 17% Muslime und 5% gehören den traditionellen Naturreligionen an. Man muss jedoch dazu sagen, dass auch die Menschen, die offiziell als Christen und Muslime gezählt werden, den traditionellen Glauben nicht abgelegt haben.
Die **Lebenserwartung** der Menschen in Ghana liegt bei etwa 66 Jahren. Im Durchschnitt bekommt eine Frau mit 22 ihr erstes Kind und im Schnitt hat jede Frau 4,06 Kinder.
In den Städten haben 92% der Bevölkerung Zugang zu sauberem Trinkwasser. Auf dem Land sind es nur 84%. In Ghana sind schätzungsweise eine viertel Million Menschen mit **HIV** infiziert, wobei die Dunkelziffer wahrscheinlich deutlich höher liegt. Jährlich sterben etwa 9000 Menschen an den Folgen von AIDS. Knapp 14% der Kinder leiden an Unterernährung. Die Analphabetenrate unter den Menschen über 15 liegt bei knapp 25%. Etwa 34% der Kinder zwischen fünf und zwölf Jahren gehen einer Arbeit nach

statt zur Schule zu gehen. Die Arbeitslosenrate im Land beträgt insgesamt etwa 12%.

All diese Zahlen zeigen, dass es sich um ein **Entwicklungsland** handelt, in dem noch viel Handlungsbedarf besteht. Touristen, die sich Ghana ansehen wollen, müssen damit rechnen, viel Armut zu Gesicht zu bekommen.

Geografie

Allgemein ist Ghana **sehr flach** und etwa die Hälfte des Landes liegt tiefer als 150 Meter über dem Meeresspiegel. Der höchste Punkt im Land ist der Mount Afadjato an der Grenze zu Togo mit gerade mal 885 Höhenmetern. In der recht hügeligen Region rund um diese Erhebung gibt es eine sehr abwechslungsreiche Landschaft mit vielen Wasserfällen.

Der Norden des Landes ist hauptsächlich flach und wesentlich trockener als der Süden, wo es mehr Wälder gibt.

Hydrologisch gesehen ist Ghana vom Voltasee und vom Voltafluss geprägt. Der schwarze Volta entspringt in Burkina Faso und bildet teilweise die Grenze zwischen Ghana und der Elfenbeinküste, bevor er durch Nordghana fließt und schließlich mit dem Weißen Volta und dem Roten Volta zusammen fließt. Auch der Weiße Volta und der Rote Volta entspringen in Burkina Faso. Der **Voltasee** ist von der Fläche her mit 8.500 Quadratkilometern der größte Stausee der Welt. Er wird vom Akosombo Staudamm begrenzt, der 1960 errichtet wurde.

Das größte **Agglomerationsgebiet** in Ghana breitet sich rund um die Hauptstadt **Accra** aus. Hier leben auf

1,5% der Fläche des Landes etwa 15% der Bevölkerung.

Fast 70% der Landesfläche werden landwirtschaftlich genutzt und etwa 20% der Fläche sind von Wäldern und natürlicher Vegetation bewachsen. Die restlichen knapp 10% werden anderweitig, zum Beispiel als Siedlungsfläche genutzt.

Bevölkerung und Gesellschaft

Ghana hat **26 Millionen Einwohner**. Mehr als 54% der Menschen leben in Städten.
Mehr als 56% von ihnen sind jünger als 25 Jahre. Das Durchschnittsalter der Gesamtbevölkerung liegt knapp unter 21 Jahren. Die Wachstumsrate der Bevölkerung liegt bei 2,18 Prozent, die Geburtenrate bei 31/1000 und die Sterberate bei 7,2/1000. Die Lebenserwartung liegt für Männer bei 63,8 Jahren und für Frauen bei 68,7 Jahren. Damit rangiert Ghana auf den letzten Plätzen im weltweiten Vergleich. Ein erheblicher Faktor ist die Sterblichkeit infolge von HIV und AIDS.
In Ghana gibt es **verschiedene Ethnien**. Die größte Gruppe sind die Akan mit 47,5%. Die Mole Dagbon machen 16,6% der Bevölkerung aus, gefolgt von den Ewe mit 13,9% und den Ga Dangme mit 7,4%. 5,7% der Menschen gehören zum Stamm der Gurma und die Guan machen 3,7 % aus.

Bei den Akan, der größten Bevölkerungsgruppe, ist die Gesellschaft **matrilinear** organisiert. Die mütterliche Linie ist stets ausschlaggebend in Verwandschaftsfragen. Jedes Kind wird in der Ahnenreihe der

14

Mutter geführt. Die Erbfolge richtet sich nach der mütterlichen Linie. Wenn ein Mann stirbt, sind die direkten Erben die Kinder seiner Schwester, nicht seine eigenen Kinder. Die Frau bekommt im Falle einer Scheidung stets das Sorgerecht für die Kinder zugesprochen.

Trotzdem haben es die Frauen in Ghana, auch bei den Akan, schwerer als Männer, wenn es darum geht, Karriere zu machen oder gut bezahlte Stellungen zu bekommen. Es gibt für Frauen nahezu keinen Ausweg aus der Situation, stets mit der doppelten Belastung von Beruf und Familie alleine klarkommen zu müssen, denn die Kinderbetreuung ist fast ausschließlich Frauensache. Was das **allgemeine Frauenbild** in der Gesellschaft angeht, haben die Briten etwas mehr Einfluss hinterlassen als die Araber, was dazu führt, dass die Frauen in Ghana mehr Selbstbestimmungsrechte genießen als in den islamisch geprägten Nachbarländern.

Bei den Akan gibt es zur **Feier der ersten Menstruation** eine Art Initiationsritus, der das Mädchen in den Status einer Frau erhebt und feierlich begangen wird. Die weibliche Beschneidung ist glücklicherweise in Ghana kaum vertreten.

Geschichte

Die Grenzen des **heutigen Ghana** gehen vollständig auf die Grenzziehung durch die europäischen Kolonialmächte zurück. Ghana, wie es sich heute auf der Karte zeigt, gibt es erst seit dem 19. Jahrhundert.

Die Geschichte Ghanas und der Völker, die heute hier leben, beginnt aber lange vorher. Das Land war schon vor tausenden von Jahren besiedelt. Die ältesten Funde, die auf menschliche Besiedlung hinweisen, stammen aus der Zeit um **300.000 vor Christus**.

Bevor die Portugiesen im späten 15. Jahrhundert an die **Goldküste** kamen, war die Region des heutigen Ghana jahrhundertelang ein wichtiger Handelsstandort. Die verschiedenen Stämme Westafrikas trieben nicht nur miteinander Handel, sondern auch mit den Zivilisationen im Norden von Afrika in der Sahararegion. Karawanen kamen aus dem Norden zur Küste oder machten sich hier an der Goldküste auf die Reise nach Osten. Es ist schwer zu sagen, seit wann diese Handelsrouten schon existierten. Erste Beweise für die **Handelsstraße** zwischen der Sahara und der Goldküste sind auf die Zeit um 600 bis 500 vor Christus datiert.

Ab dem 8. Jahrhundert nach Christus gibt es erste schriftliche Zeugnisse aus der Region. In dieser Zeit hat sich auch der islamische Glauben hier verbreitet und mit ihm die **Schriftkultur**. Schon damals haben die Araber die Region als das „**Land des Goldes**" bezeichnet.

Zwischen dem 3. und 7. Jahrhundert gab es ein Königreich, das den Namen Ghana trug. Es erstreckte sich im Norden des heutigen Ghana und nördlich davon bis zum Senegal und hin zum Niger im Osten. Die Hauptstadt dieses Reiches war Kumbi Saleh, eine Stadt, die heute noch in Form von Ruinen erkennbar ist und im Süden des heutigen Mauretanien liegt. Der Herrscher dieses großen Reiches befehligte eine Armee von 200.000 Kriegern und dominierte einige Jahrhunderte lang das Geschehen in Westafrika.

Seine Blütezeit erlebte dieses **Reich Ghana** im 10. Jahrhundert. Dann jedoch beschloss der Herrscher, seine Macht dadurch zu festigen, dass er Awdaghast 300 Kilometer nordwestlich von Kambi Saleh einnahm. Dies gelang ihm auch, aber die von dort vertriebenen Berber formten alsbald eine Armee und riefen einen religiös motivierten Rachefeldzug aus, der schließlich der Startschuss zum Niedergang des Reiches wurde.

Das Reich zerfiel nach und nach in kleinere Einheiten. Erst im 13. Jahrhundert entstand das Imperium **Mandika im alten Mali** und übernahm die Vormachtstellung im damaligen Westafrika. Das Gebiet des heutigen Ghana spielte auch in diesem Reich eine wichtige Rolle für den Handel, unter anderem als einer der Hauptlieferanten von Kolanüssen und Elfenbein. Dazu kamen die Goldvorkommen im Regenwald von Ghana.

Zwischen 1464 und 1591 stand das heutige Ghana unter dem Einfluss des islamischen **Songhai Reiches**, wodurch der Islam, der ab dem späten 15. Jahrhundert in diesem Reich Staatsreligion war, sich ausbreitete. 1591 brach das Songhai Reich zusammen. Die folgenden 300 Jahre werden von vielen Historikern als die „**dunkle Periode**" in der Geschichte Westafrikas bezeichnet, denn die Wirtschaft stagnierte und die Kolonialisierung brachte auch fast nur negative Auswirkungen mit sich.

Gold und Elfenbein machten das Gebiet des heutigen Ghana natürlich auch für die europäischen Kolonialmächte interessant und so eroberten die Portugiesen 1471 die Goldküste.

Die Völker, die damals in Ghana lebten, waren kulturell und auch sprachlich betrachtet miteinander verwandt. Im Norden waren die **Mole Dagbani** verbreitet; es gab das Reich der **Mamprusi, die Dagomba, Mossi und Nanumba**, wobei die Stammesgebiete natürlich nicht an der heutigen Nordgrenze des Landes endeten. Weiter südlich und im Westen lebten die **Ashanti, die Akan, die Bono und die Fante**. Rund um den Voltasee waren die Ewe zu Hause, die auch heute noch hier und in Togo leben und ursprünglich aus einem Gebiet in Nigeria kamen.

Portugal hatte 1415 den Hafen von Ceuta im heutigen Marokko erobert und war dabei, sich mehrere Städte und Häfen auf der Afrika umrundenden Seeroute in Richtung Arabien und Indien zu sichern, um den Handel mit Gewürzen dominieren zu können.

Ihr erster Stützpunkt in Ghana war das Dort **Elmina**, welches sie „De Costa da el Mina de Ouro" nannten, woraus schließlich Elmina wurde. Eines der ersten Bauwerke, die sie hier errichteten, war das St George Fort. Während der 150 Jahre, in denen die Portugiesen den Handel an der Goldküste dominierten, war diese Festung und die Stadt Elmina ihr Zentrum. Die Portugiesen hatten mit der Macht über Elmina und die von hier aus zu den Goldgebieten führenden Handelsrouten die Möglichkeit, ohne größere Probleme Tonnen von Gold zu fördern und das Land auszubeuten. Sie beherrschten damit nicht nur etwa 10% des damaligen weltweiten **Goldhandels**, sondern verschifften auch Unmengen an **Elfenbein und Baumwolle**.

Die portugiesischen Festungen waren in der Regel mit der Genehmigung der lokalen Chiefs errichtet und hatten wenig Einfluss auf die umliegenden Dörfer und Stämme. Trotzdem bemühten sie sich, das Christentum zu verbreiten.

Die Blütezeit des Handels der Portugiesen an der Goldküste war um das Jahr 1530. Zu dieser Zeit reichte das portugiesische Imperium von Goa über Mosambik bis zur Karibik. Einige britische und französische Handelsschiffe kamen ebenfalls an die Goldküste, aber die ersten, die Portugal wirklich ihre Vormachtstellung in dieser Region streitig machen wollten, waren die **Niederländer**. 1596 bombardierten niederländische Kriegsschiffe zum ersten Mal Elmina, jedoch ohne Erfolg. In den folgenden Jahren wagten sich jedoch immer mehr private Handelsschiffe unter niederländischer Flagge in die Region.

Die Portugiesen attackierten alle fremden europäischen Schiffe und bestraften die ansässigen Afrikaner streng, wenn diese mit anderen Europäern Handel trieben. Dies gefiel dem **Chief der Asubu** nicht und so lud er die Holländer schließlich ein, 20 Kilometer von Elmina entfernt ein niederländisches Fort zu errichten. Dies geschah 1612. Schon 1622 war eine Flotte von 40 Handelsschiffen in **Moree** stationiert und die erstarkende West India Company aus Amsterdam unterstützte den Erfolg des Hafens. 1637 fiel schließlich die portugiesische Festung den Holländern in die Hände und sie eroberten nach und nach auch alle anderen portugiesischen Standorte an der Goldküste.

In den folgenden Jahren war der Einfluss der Portugiesen kaum noch zu spüren, aber die Schweden, Dänen und Franzosen versuchten, in der Region Fuß zu fassen und starteten mehrere Angriffe. Von 1642 bis 1820 hatte die dänische Krone die Vormachtstellung inne, bis das Gebiet schließlich an Großbritannien verkauft wurde.

Von 1665 bis 1807 war die einstige Goldküste als Sklavenküste bekannt. Sklavenhandel war in Westafrika in bisher fast jeder Gesellschaft und in jedem wichtigen Königreich an der Tagesordnung gewesen. In dieser Zeit jedoch nahm die **Sklaverei** eine neue Form an und von der Goldküste aus wurden nun Sklaven über den Atlantik befördert, während die Sklaven vorher nur zwischen den einzelnen afrikanischen Völkern gehandelt wurden.

Das Hinterland Westafrikas wurde zu einem regelrechten Jagdgebiet auf Menschen und Schätzungen zufolge wurden zwischen **12 und 20 Millionen Menschen** aus Westafrika nach Nordamerika transportiert. Hunderttausende starben auf dem Weg über den Ozean, Millionen lebten ein Leben auf den Plantagen in Amerika in Unfreiheit, während sie der Willkür und der Folter ihrer Besitzer ausgeliefert waren.

Weniger bekannt sind die Folgen, die dieses dunkle Kapitel der Weltgeschichte für die Gesellschaft in Westafrika hatte. Über Jahrhunderte verloren die einzelnen Stämme ihre stärksten und fruchtbaren Mitglieder und bekamen dafür nur auf lange Sicht nutzlose Gegenleistungen wie Waffen, Alkohol und Tabak. Die Auswirkungen auf die Gesellschaft waren verheerend. Im 17. Jahrhundert konzentrierten sich die Europäer an der Goldküste lieber auf den Goldhandel und verlagerten ihren Sklavenhandel mehr nach Süden. Im 18. Jahrhundert erstarkte der Sklavenhandel in der Region wieder. Gegen Ende des 18. Jahrhunderts kamen in Europa starke Stimmen gegen die Sklaverei auf und diese Entwicklungen führten dazu, dass Dänemark schließlich 1804 den **Sklavenhandel verbot**. 1807 folgte Großbritannien, 1808 die USA und ein paar Jahre später auch Holland, Frankreich,

Spanien und Portugal. Bis zur wirklichen **Abschaffung der Sklaverei** mussten jedoch noch einige Jahre vergehen.

Das 18. Jahrhundert war bestimmt vom Einfluss der Briten, die den Handel an der Goldküste dominierten. Die Briten hatten Verträge mit mehreren Chiefs vom Stamme der Fante, die wiederum als Mittelsmänner mit den Ashanti handelten. Die Briten waren mit diesem Arrangement zufrieden, weil sie auf diese Weise nicht zu befürchten hatten, dass die Ashanti die Kontrolle über den gesamten Handel an sich reißen würden. Den Fante kam diese Regelung ebenfalls entgegen, weil sie mit der Unterstützung der Briten keine Angst vor einem militärischen Angriff der Ashanti rechnen mussten. Nur die Ashanti waren mit der Situation unzufrieden, weil sie durch die Zwischenhändler finanzielle Einbußen hatten. Insgesamt gestaltete sich das Zusammenleben der Fante und Ashanti jedoch in der zweiten Hälfte des 18. Jahrhunderts recht friedlich.

1806 kam es indessen zu einem Angriff der Ashanti auf die Fante. Die Fante waren militärisch schwächer als die Ashanti, unter anderem auch, weil sie eher ein Konglomerat kleiner Fürstentümer waren, während die Ashanti zentraler organisiert waren. Dann kamen die Streitigkeiten über den Handel mit den Briten dazu. Zwischen 1806 und 1874 gab es neun Militärschläge der Ashanti gegen die Fante. Zunächst eroberten die Ashanti mehrere der 24 Fante Fürstentümer. Die Briten unterstützten die Fante, was jedoch nicht immer die Eroberung verhinderte. In einer berühmten Schlacht am Asaamso Fluss köpfte der Chief der Ashanti den britischen Gouverneur und brachte seinen

Kopf als Kriegstrophäe nach Kumasi. 1826 erzielten die Briten einen wichtigen Sieg in der Schlacht bei Akatamanso. Auch der Rest des Jahrhunderts war von Streitigkeiten bestimmt.

1867 schlossen die **Briten einen Vertrag mit den Niederländern**, um gemeinsam die Verwaltung der Region effizienter zu gestalten. Der König von Cape Coast protestierte dagegen, wurde aber von den Briten festgenommen und nach Sierra Leone ins Exil geschickt. 1874 erklärten die Briten die Goldküste endgültig zu ihrer Kolonie.

Die Holländer zogen aus Elmina ab und dies war vermutlich der Auslöser für den **Krieg 1873-1874** zwischen den Ashanti und den Briten. Die Ashanti besetzten Elmina und die Briten antworteten mit der Bombardierung der Hafenstadt, wodurch 20.000 Menschen ihr Heim verloren. Die Briten begaben sich nun zum ersten Mal in das Reich der Ashanti hinein und machten die Hauptstadt Kumasi dem Erdboden gleich. Die Ashanti wurden gezwungen, einen Vertrag zu unterschreiben, in dem sie auf alle Territorialansprüche südlich ihres Kernreiches verzichteten. Einige kleinere Stämme im Norden, unter anderem die Dagomba, die Bono und die Gonja, nutzten diesen Moment der Schwäche der Ashanti, um sich von ihnen unabhängig zu erklären. Das einst mächtige **Ashanti-Reich schrumpfte** auf die Größe der heutigen Ashanti-Region zusammen.

In den folgenden Jahren breiteten sich die Kolonialstaaten in Afrika mehr und mehr aus. Großbritannien fügte seinem Reich die westlichen und zentralen Regionen des heutigen Ghana hinzu, während Frankreich und Deutschland ihre Kolonien ihrerseits vergrößerten. 1898 wurde die Nordgrenze der Kolonie Goldküste mit Frankreich vertraglich festgelegt; 1899 wurde mit Deutschland ein Vertrag über die Ostgrenze geschlossen. 1901 starteten die Ashanti einen letzten Kriegszug gegen die Briten, mussten sich aber nach schweren Verlusten geschlagen geben und schließlich gehörte dann ab Januar 1902 auch das Reich der Ashanti **offiziell zur britischen Kolonie** Goldküste.

Wie auch die meisten anderen britischen Kolonien wurde Ghana nach dem Prinzip der indirekten Beherrschung regiert, anders als dies zum Beispiel die Franzosen und Portugiesen taten, die ihre Kolonien eher wie eine Erweiterung ihres Heimatlandes behandelten. In Ghana blieben die meisten **Chiefs und Fürsten** an der Macht und regierten ihr Reich weitestgehend wie zuvor. Sie wurden dabei nur von der britischen Kolonialregierung überwacht. Einerseits hatten die Briten nicht genug Personal, um überall in ihren Kolonien Verwalter und Beamte einzusetzen. Andererseits waren sie davon überzeugt, dass auf lange Sicht gesehen diese Art der Regierung, die auf dem traditionell etablierten System beruhte, die effizienteste und am leichtesten durchzusetzende war.

Ein Problem bei dieser Art der Regierung in der Kolonie war, dass der Dorfchief oder Fürst immer vom Ältestenrat eines Stammes oder eines Dorfes eingesetzt wurde, dass dieser Rat sein Veto bei Entscheidungen einlegen konnte und dass der Chief auch vom Rat jederzeit wieder abgesetzt und neu ernannt werden konnte. Nun war es offiziell so, dass der Chief seine Macht von der Kolonialregierung erhielt. Die Briten hatten es also nicht immer leicht, Ghana unter ihrer Kontrolle zu halten.

Nach dem **Zweiten Weltkrieg** ging die Kolonialära an der Goldküste und auch sonst in vielen afrikanischen Staaten ihrem Ende zu. 65.000 Soldaten aus Ghana wurden rekrutiert und kämpften auf der Seite der Alliierten, meist in Burma und Ostafrika. Als Roosevelt und Churchill die Atlantik-Charta unterschrieben und darin festhielten, dass das Recht aller Völker auf eine von ihnen gewählte Regierung und Regierungsform von den Unterzeichnern fortan respektiert werden sollte, meinte Churchill zunächst, dass das die Kolonien nicht beträfe. Roosevelt bestand aber darauf, dass mit Völkern alle Völker gemeint seinen.

Auch die Soldaten, die aus dem Zweiten Weltkrieg zurückkehrten, hatten nun große Hoffnung, dass die Ideale von **Demokratie und Freiheit**, für die sie gerade ihr Leben riskiert hatten, jetzt auch für ihr Land erreichbar sein würden.

Nun ging die Entwicklung in Ghana besonders schnell voran und 1946 bereits erließ der amtierende Gouverneur eine neue Verfassung. 18 der 30 Sitze im Parlament wurden fortan von Chiefs aus den verschiedenen Stämmen besetzt. In den folgenden Jahren gab es zahlreiche Demonstrationen, Aufstände und schließlich Boykotte und Streiks, bis endlich 1951 Wahlen stattfanden und Nkrumah 1952 der erste Premierminister der Goldküste wurde. Bei der Wahl im Jahr 1954 erzielte seine Partei 79 von 104 Sitzen im Parlament. Nkrumah bereitete dann das Land auf seine **Unabhängigkeit** vor. Am 6. März 1957 wurde Ghana unabhängig.

Nkrumah blieb an der Macht, erreichte auf dem Sektor des Transports und der Infrastruktur einige Verbesserungen für das noch junge Land. Er unterstützte auch die Unabhängigkeitsbewegungen der Nachbarländer. Durch den Fall des Kakaopreises kam Ghana in arge wirtschaftliche Bedrängnis und Nkrumah suchte bei den Staaten des Ostblocks Unterstützung, was Ghana im Westen zu einem unbeliebten Partner werden ließ. Als Nkrumah, der bereits seit 1960 Präsident des Landes war und dessen Regierung nach und nach immer undemokratischere Strukturen angenommen hatte, 1966 in Hanoi auf einem Staatsbesuch war, übernahm das Militär in Ghana die Macht. Von 1966 bis 1969 regierte die National Liberation Council unter der Führung von General Joseph Ankra das Land.

Diese Regierung brachte einen gewissen Grad an Demokratie und Redefreiheit zurück, die in den letzten Jahren unter Nkrumah abgeschafft worden waren. Außerdem wurden die Bande mit dem Ostblock gekappt und der Kontakt zu Westeuropa gesucht. 1969 wurden mehrere politische Parteien zugelassen und zudem eine Menschenrechtserklärung erlassen.

General **Ignatius Acheampang** regierte das Land von 1972 bis 1978. Er wurde vom Militär abgesetzt, weil sein schlechtes Management die Inflation und kontinuierliche Wertminderung des Cedi nicht nur nicht aufhalten konnte, sondern die Situation noch verschlimmerte. Mitte 1979 gab es zwei Wochen vor der Wahl einen **Staatsstreich** und der erst 32-jährige Leutnant **Jerry Rawlings** übernahm die Macht. Er wollte das Land von Korruption reinigen, bevor die Macht an den rechtmäßig gewählten Präsidenten überging. Er entließ zahlreiche Politiker, Militärs und Beamten aus ihren Ämtern und ließ mehrere hochrangige Personen hinrichten, unter anderem auch die drei ehemaligen Staatsoberhäupter Acheampang, Afrifa und Akuffo. Nach der Wahl übergab Rawlings die Staatsgeschäfte an **Präsident Hilla Limann**. Zunächst war seine Regierung beliebt, aber die wirschaftliche Situation Ghanas verschlechterte sich zusehends und nach wenigen Monaten war auch die neue Regierung ebenso korrupt wie ihre Vorgänger.

1981 kam es zum vierten Staatsstreich in 15 Jahren und wieder wurde Jerry Rawlings an die Macht gebracht. Er löste das Parlament und mehrere politische Parteien auf, schickte viele Regierungsmitglieder, unter ihnen auch Limann, ins Gefängnis und erklärte die Verfassung für ungültig. Rawlings setzte ein provisorisches Komitee ein. Er sorgte mit einer massiven Abwertung des Cedi für ein **Wirtschaftswachstum**, privatisierte zahlreiche Betriebe und kürzte in den Verwaltungsbehörden die Besetzung. Leider blieb die politische Lage instabil und es gab weitere versuchte **Staatsstreiche**, **Proteste** und mehrere Verschwörungen zur Ermordung Rawlings. 1989 nahmen die Proteste überhand, nachdem die Universitäten mehrere Monate lang geschlossen waren und Rawlings die Pressefreiheit eingeschränkt hatte.

1990 kündigte Rawlings eine neue Verfassung an, die auch 1991 mit breiter Zustimmung durch ein Referendum verabschiedet wurde. Ein Mehrparteiensystem wurde aufgestellt und 1992 fanden Wahlen statt, bei denen Rawlings neue Partei NDC mit 58% gewann. Die zweitplatzierte Partei NPP, die 30% der Stimmen hatte, boykottierte die Parlamentsbildung und so erhielt die NDC 189 von 200 Sitzen im Parlament.

Rawlings Regierungszeit als Präsident war zunächst von Frieden und Aufschwung geprägt, aber 1994 kam es zu blutigen Streitigkeiten zwischen den Nunumba und den Konkomba im Norden. 6000 Menschen starben während der im Norden um sich greifenden Unruhen.

1996 wurde Rawlings wiedergewählt. Die Verfassung von 1991 besagte, dass sich Rawlings im Jahr 2000 nicht erneut zur Wahl stellen durfte. Die NPP und mit ihr **John Kufuor** kamen an die Macht. 2004 wurde er wiedergewählt. Obwohl er im Bildungsbereich große Erfolge verbuchen konnte, kam er 2008 in die Kritik wegen seines Privatisierungsprogramms und weil er im Rahmen des Afrika-Cups im Fußball Gelder verschwendet haben soll. 2008 konnte Kufuor ohnehin nicht wieder zur **Präsidentenwahl** antreten, weil er schon das Maximum an Regierungsperioden hinter sich hatte. Die NDC löste die NPP ab und **John Atta Mills** wurde Präsident. 2012 erlitt er einen Schlaganfall und der Vizepräsident **John Dramani Mahama** folgte ins Amt. Bei der Wahl im Jahr 2012 wurde Dramani Mahama im Amt bestätigt.

Bei den Wahlen 2016 erhielt Mahamas Herausforderer **Akufo-Addo** 53,85% der Stimmen und damit wurde zum ersten Mal in der Geschichte Ghanas ein Präsident durch demokratische Wahlen abgesetzt.Seit Januar 2017 ist Akufo-Addo nun offiziell im Amt.

Wirtschaft

Ghana war über Jahrhunderte hinweg ein wichtiges Handelszentrum, vor allem, weil es über einen besonderen Reichtum an Bodenschätzen verfügt. Im 18 . und 19. Jahrhundert gehörten **Kolanüsse, Palmöl, Gold, Elfenbein, Baumwolle und Kautschuk** zu den wichtigsten Handelsgütern.

Im 20. Jahrhundert gewann der Anbau von Kakao an Bedeutung und verdrängte die Kautschukplantagen fast vollständig. Zu dem Zeitpunkt, als Ghana seine

Unabhängigkeit erhielt, also im Jahr 1957, war seine Volkswirtschaft eine der stärksten und stabilsten in der Region. Der Wert der Exporte überstieg die Schulden, die Ghana damals im Ausland hatte, um das Zehnfache und die Zukunft sah vielversprechend aus. Leider entwickelte sich die Wirtschaft Ghanas in den darauffolgenden Jahren zum Negativen und 1966 sah die Bilanz fast umgekehrt aus. Zwischen 1966 und 1981 verschlimmerten die politische Instabilität in der gesamten Region sowie der Fall des Kakaopreises die Situation.

Seit 1984 ging es wieder bergauf mit der Wirtschaft in Ghana. Heute hat sich die Lage deutlich verbessert und viele Experten, nicht nur aus Ghana, sehen optimistisch in die Zukunft. Ghana ist heute eine der am schnellsten wachsenden Volkswirtschaften in Afrika. **Kakao** bleibt weiterhin eines der wichtigsten Handelsgüter. Zudem werden **Reis, Erdnüsse, Kochbananen, Zuckerrohr und Yams** für den Export angebaut.

Unter den Bodenschätzen spielt das **Gold** noch immer eine wichtige Rolle. Nach Südafrika ist Ghana heute der zweitgrößte Exporteur von Gold auf dem afrikanischen Kontinent. Neben Gold werden auch **Diamanten**, **Bauxit und Mangan** abgebaut. Seit dem Jahr 2010 fördert Ghana Erdöl vor seiner Küste. Diese Offshore-**Ölvorkommen** wurden erst im Jahr 2007 entdeckt und bilden heute eine weitere Einnahmequelle.

Langsam aber sicher entwickelt sich auch der Tourismus im Land. Er bildet mittlerweile den drittgrößten Wirtschaftszweig Ghanas.

Aktuell entfallen 20,7% des Wirtschaftsvolumens auf Landwirtschaft, 27,7% auf Industrie und 51,6% auf

Dienstleistungen. Das jährliche Einkommen pro Kopf liegt bei etwa 4000 US-Dollar (in 2015), womit Ghana unter den 50 ärmsten Ländern der Erde rangiert.

Klima

In Ghana herrscht durch die Nähe zum Äquator und die geringen Geländehöhen im Land ein **klassisches tropisches Klima**. Generell bewegen sich die Tagestemperaturen im ganzen Land und das ganze Jahr über um die 30°C. Im trockeneren Norden liegen die nächtlichen Temperaturen etwas niedriger als im feuchteren Süden, aber generell fällt das Thermometer nie unter die 20°C-Marke. Die einzige Region, wo es ein wenig kühler ist, sind die Hügel im Voltatal.

Es gibt nur unwesentliche saisonale Schwankungen. Die einzige Unterteilung nach Jahreszeiten, die man vornehmen kann, ist die nach Regenzeit und Trockenzeit. Die Regenzeit beginnt im April und hat ihren Höhepunkt im Mai und Juni. Erst im Oktober wird es dann im ganzen Land recht trocken. Generell beginnt die Regenzeit im Süden früher als im Norden, oft schon im März.

Ein besonderes Klimaphänomen sind die **Harmattan**-Winde, die in der Trockenzeit von Nordosten her wehen. Sie bringen staubige Luft aus der Sahara mit sich und sorgen teilweise für schlechte Sicht. Der Harmattan beginnt im November und erreicht im Dezember seine stärkste Periode. Die Harmattan-Winde können bis in den März hinein auftreten.

Fauna und Flora

Safariparks mit riesigen Wildtierherden, wie man sie aus Ost- und Südafrika kennt, gibt es in Ghana leider nicht. Zebras, Nashörner und Gnus kommen in Ghana zum Beispiel überhaupt nicht vor. Löwen, Geparden und Giraffen sind in Ghana nahezu ausgerottet.

Trotzdem bietet auch Ghana die Möglichkeit zu **Tierbeobachtungen**.

In den insgesamt 16 Schutzgebieten gibt es Leoparden, Hyänen, Schakale, Dachse, Mungos und verschiedene Primaten, darunter Schimpansen, Paviane, Meerkatzen und andere kleinere **Affenarten**. Zudem sind verschiedene Antilopen vertreten wie der Defassa Wasserbock, der Kob, der Buschbock und die Pferdeantilope. In einigen der **Schutzgebiete** leben Elefanten, Büffel und Warzenschweine sowie Gürteltiere, Erdhörnchen und Erdferkel.

Außerdem kommen in Ghana zahlreiche Schlangenarten und Echsen vor sowie auch Krokodile, Schildkrötenarten und Chamäleons.

Auch für **Ornithologen** ist Ghana ein attraktives Reiseziel, denn Vogelarten gibt es viele. Insgesamt wurden in Ghana **750 Spezies** von Vögeln gesichtet. Besonders beliebt bei Vogelfreunden sind die Waldgebiete des Atewa Range Forest, der auch ein eingetragenes Schutzgebiet ist, der BIA Nationalpark, das Dadieso Waldschutzgebiet, das Jema Asemkrom Waldschutzgebiet, das Nini Suhien Schutzgebiet und das Ankana Quellschutzgebiet.

Besonders viele Arten von Webervögeln bauen ihre kunstvollen Nester auch in Ghana. Einige von ihnen zeichnen sich neben ihrer interessanten Nestbauweise auch durch ein besonders buntes Gefieder aus.

Umwelt und Naturschutz

Erst in den letzten Jahren entwickelt sich in Ghana in der Gesellschaft ein Bewusstsein für die Umwelt und die Notwendigkeit, diese zu schützen.

Größere Schäden an der Umwelt hat in der Vergangenheit vor allem der **Bergbau** angerichtet. Auch die teils massive Bewirtschaftung der Wälder und die Anpflanzung von großflächigen Plantagen statt der ursprünglichen Wälder hat einen negativen Einfluss auf die Umweltbilanz. Jedes Jahr nimmt die Fläche der naturbelassenen **Wälder** um weitere 1,7% ab.

Ein weiteres Umweltproblem ist der anfallende **Müll**, der vor allem in den Städten in großen Mengen anfällt und nicht ordnungsgemäß oder auch überhaupt nicht entsorgt und behandelt wird. Nur etwa 5% des gesamten Müllvolumens im Land werden recycelt. Zu dem im Land selbst anfallenden Müll kommen illegal eingeführte **Elektroabfälle** aus Europa, die unter anderem auf der Elektromülldeponie Agbogbloshie in Accra verbrannt werden und hochgiftige Dämpfe erzeugen.

Da der Umweltschutz sich in Ghana auf die Zuständigkeit von zwei verschiedenen Ministerien verteilt, ist die Koordination von Maßnahmen nicht ideal. Außerdem stehen meist wirtschaftliche Interessen im Vordergrund.

Nationalparks

In Ghana sind insgesamt **16 Schutzgebiete** eingerichtet. Diese decken zusammen eine Fläche von knapp 13.500 Quadratkilometern ab, was etwa 5,6% der Fläche des gesamten Landes entspricht.

Die Ausweisung der Nationalparks hat nicht nur zum Ziel, die Umwelt zu schützen, sondern auch, die Natur einem großen Publikum zugänglich zu machen. Die bekanntesten Nationalparks in Ghana sind der **Mole Nationalpark** und der **Kakum Nationalpark**, welche auch beide touristisch interessant sind. Neben den Nationalparks gibt es ausgewiesene **Wildtierschutzgebiete**, deren vorrangiger Zweck die Bewahrung der heimischen Tierpopulationen ist. In diesen Schutzgebieten ist die Jagd verboten. Wildtierfleisch ist nämlich bei fast allen Stämmen sehr beliebt.

Es gibt außerdem die Kategorie der „**Strict Nature Reserve**", welche besondere Schutzgebiete zur Erhaltung einer besonderen, vom Aussterben bedrohten Tierart sind. Der Zugang zu diesen Gebieten ist nur mit einer Sondergenehmigung zum Beispiel zu Forschungszwecken erlaubt und wird Touristen nicht gewährt.

Die letzte Kategorie sind die **Forstreservate**, die zur Erhaltung des **Primärwaldes** ausgewiesen wurden. Hier ist es untersagt, Bäume zu fällen und es wird nach Möglichkeiten der verträglichen Forstwirtschaft gesucht. Trotzdem haben die Verwalter dieser Forstreservate noch regelmäßig mit illegaler Rodung und dem Schmuggel von Hölzern zu tun.

Für Besucher sind in Ghana folgende Nationalparks von Interesse:

Der **Mole-Nationalpark** wurde 1971 gegründet und ist damit der älteste Nationalpark des Landes. Er ist 4.800 Quadratkilometer groß, befindet sich im Norden des Landes und ist trotz seiner im Vergleich zu den Schutzgebieten im Süden etwas schlechteren Erschließung eine Touristenattraktion geworden. Es werden Jeeptouren angeboten und im Nationalpark erwartet ein Hotel Besucher. Auf dem Gelände des Parks leben einige Elefanten, zahlreiche Affenarten, Löwen, Leoparden, Wasserböcke, Pferdeantilopen, Hyänen und Schakale.

Der **Bui-Nationalpark** liegt in der Brong Ahafo Region und ist mit 2.200 km² Fläche der drittgrößte Nationalpark im Land. Der schwarze Volta durchfließt das Gebiet des Parks, welches unmittelbar an der Grenze zur Elfenbeinküste liegt. Die Vegetation ist hauptsächlich die einer typischen Savanne. Hier leben Löwen, Elefanten, große Büffelherden und Flußpferde.

Der **Digya-Nationalpark** befindet sich teils in der Brong Ahafo Region sowie teils in der Ashanti Region. Mit seinen 3.120 Quadratkilometern ist er der zweitgrößte Nationalpark des Landes. Der Digya Nationalpark liegt zu einem großen Teil auf einer Halbinsel, die in den **Voltasee** hinein ragt. Die vorherrschende Vegetation besteht aus Baumsavanne und zahlreichen Galeriewäldern. Vor allem Elefanten, Leoparden, Meerkatzen und viele verschiedene Vogelarten machen diesen Nationalpark zu einem interessanten Ausflugsziel. Leider haben die Parkverwalter mit einer großen Anzahl an Wilderern zu kämpfen.

Der **Kakum-Nationalpark** liegt in der Central Region und wurde 1990 gegründet. Seine Fläche beträgt nur 350 Quadratkilometer, aber er ist touristisch sehr **gut erschlossen**. Die Ranger dieses Parks sind alle recht **gut ausgebildet** und können den Besuchern viel über die sie umgebende Natur und die Tiere erzählen. Sie wissen außerdem, welche Pflanzen aus den Wäldern eine medizinische Bedeutung haben.

Im Kakum Nationalpark gibt es einige sehr seltene Tiere, unter anderem **Monameerkatzen**, **Waldbüffel**, **Waldelefanten** und **Zibetkatzen**. Diese vier Arten sind vom Aussterben bedroht, aber im Kakum Nationalpark haben Besucher gute Chancen, diese Tiere zu Gesicht zu bekommen, auch wenn dies wegen der dichten Vegetation nicht immer leicht ist. Um die Tierbeobachtungen etwas weniger beschwerlich zu gestalten, sollen im Zuge eines Entwicklungsprojektes Beobachtungsstellen und Wasserlöcher sowie Lichtungen angelegt werden. Bereits realisiert ist ein Parcour aus **Hängebrücken**, die zwischen den Wipfeln der Urwaldriesen hängen und den Touristen auf über 40 Metern Höhe und auf einer Länge von 330 Metern einen sehr guten Einblick in die Natur bieten. Der Eintritt kostet 40 Cedi pro Person (2015).

Zu den **kleineren Nationalparks** zählen der Ankasa-Nini-Suhien-Nationalpark in der Western Region, wo es noch einen beachtlichen fast unberührten Primärregenwald gibt, der Bia-Tawaya-Nationalpark ebenfalls in der Western Region und der Kyabobo-Nationalpark in der Volta Region.

In Ghana gibt es außerdem folgende Wildtierreservate:
- Das Kogyae-Reservat in der Ashanti Region
- Das Gbele-Wildtierreservat in der Upper West Region
- Das Owabi Wildtierreservat in der Ashanti Region
- Das Shai Wildtierreservat in der Greater Accra Region
- Das Kalakpa-Wildtierreservat in der Volta Region
- Das Buabeng-Fiema Affenschutzreservat in der Brong Ahafo Region
- Das Tafi-Atome-Affenschutzreservat in der Volta Region
- Das Boumfoum Wildtierreservat in der Ashanti Region
- Das Bomfobiri Wildtierreservat in der Ashanti Region
- Das Bobiri Wildtierreservat in der Ashanti Region

Sprachen

In Ghana werden sehr viele verschiedene Sprachen gesprochen. Die offizielle **Landessprache** und Amtssprache ist **Englisch**. Die Tatsache, dass die Briten das Land sehr lange dominierten und die Bewohner der Kolonie eine außergewöhnlich gute Schulbildung erhielten, hat dafür gesorgt, dass heute fast alle Menschen Englisch sprechen.

16% der Menschen sprechen Ashanti, 14% Ewe, 12% Fante, 5% Boron und jeweils etwa 4% Dagomba, Dangme, Dagaba und Kokomba. Dazu kommen zahlreiche weitere **indigene Sprachen**. Insgesamt werden in Ghana mindestens 46 verschiedene Sprachen und über 72 Dialekte gesprochen.

Kintampo Wasserfall

Religion und Tradition

Mit einem Prozentsatz von 96% der Bevölkerung, die angeben, einer Religionsgemeinschaft zugehören, ist Ghana noch vor Armenien und Nigeria eines der am **meisten religiösen Länder der Erde**. Offiziell sind in Ghana 71% der Menschen als Christen eingetragen und etwa 17% als Muslime. So ist Ghana das einzige Land in Westafrika, in dem es mehr Christen als Muslime gibt. Die **Religionsfreiheit** ist eines der in der Verfassung verankerten Grundrechte.

Etwa fünf Prozent der Bevölkerung bekennen sich ausschließlich zu ihrem **traditionellen Naturglauben**, wobei auch die **Christen und Muslime** den ursprünglichen Glauben an Geister und Zauberei nicht abgelegt haben. Die Präsenz der Naturreligionen ist im ganzen Land sehr stark zu spüren. Leider bringt der Naturglauben auch die **Hexenverfolgung** mit sich und es kommt nicht selten vor, dass vor allem Frauen aus ihren Dörfern verstoßen werden, weil sie von missgünstigen Nachbarn oder Familienmitgliedern der Hexerei beschuldigt werden.

Kulinarisches Ghana

Die meisten Gerichte in Ghana bestehen aus einer stärkehaltigen und sättigenden Grundlage, die mit einer Sauce, einer Suppe oder einer Art Ragout in ein schmackhaftes Gericht verwandelt wird. Als Grundnahrungsmittel dienen Reis, Hirse, Kartoffeln, Yams und Kochbananen.

Zu den beliebtesten Gerichten im Süden des Landes gehört **Fufu**, eine Paste, die entweder aus Yams, aus

Banane oder aus Maniok hergestellt wird. Der Brei wird zu klebrigen Bällchen verkocht und dann entweder in einer Suppe oder mit einer Sauce auf der Basis von Palmöl oder Erdnüssen serviert.

Von ähnlicher Beschaffenheit sind Klößchen aus fermentiertem Maismehl und Maniok, die je nach Form **Banku** oder **Akple** genannt werden. Dazu wird gerne eine Sauce mit Okraschoten gegessen.

Auch **Kenkey** ist eine beliebte Speise. Sie besteht ebenfalls aus fermentiertem Mais, ist allerdings fester und trockener als Banku. Kenkey wird in ein Bananenblatt eingerollt und darin gekocht. Zusammen mit einer scharfen Tomatensauce ist Kenkey eines der Nationalgerichte des Landes.

Im Norden ist **Tuo Zafi** ein verbreitetes Gericht. Es wird entweder aus Hirse oder aus Mais hergestellt und ist vergleichbar mit Porridge. Yams wird gerne auch in Form von Chips, ähnlich wie Kartoffelchips, angeboten. Diese werden fast überall auf den Märkten verkauft, sind unbedenklich, da sie frittiert und damit hocherhitzt sind. Leider haben sie oft einen leichten Beigeschmack nach Petroleum, weil das Öl so selten gewechselt wird. Mit einer feurigen Tomatensauce oder der grünen Palava-Sauce sind sie jedoch ein leckerer Zwischensnack. Wenn man auf der Speisekarte **Red Red** liest, dann handelt es sich dabei um ein Gericht aus Reis und roten Bohnen, das in viel Palmöl gebraten wird. **Kalawole** ist eine Mahlzeit aus frittierten Bananenwürfeln, die mit Ingwer, Salz und Pfeffer gewürzt werden.

Diese traditionellen ghanaischen Gerichte findet man im ganzen Land in kleinen Restaurants, die als „**Chop Bars**" bezeichnet werden. Meist werden ein oder zwei Gerichte angeboten, die dann in der Regel aus Fufu,

Kenkey oder Reis mit einem Ragout aus Gemüse oder einer gulaschartigen Zubereitung aus Hühner-, Ziegen- oder Rindfleisch serviert werden. Im Norden findet man statt Huhn auch oft verschiedene Wildvögel wie Perlhühner. An der Küste sowie rund um den Voltasee werden natürlich auch Fischgerichte angeboten.

Zum **Frühstück** sind verschiedene Varianten von Omelette beliebt. Beim Bestellen von Heißgetränken sollte man bedenken, dass alle warmen Getränke unter den Begriff Tee fallen. Am besten nennt man also den Namen des Herstellers: Lipton für schwarzen Tee, Nescafé für Kaffee oder Milo für heiße Schokolade. Viele Brotarten in Ghana sind ungewöhnlich süß, was europäische Gäste oft etwas überrascht.

In fast jeder Stadt findet man neben den einheimischen Restaurants auch internationale Küche, allen voran sind chinesische Restaurants sehr verbreitet. Für **Vegetarier** gibt es einige Gerichte und man sollte es schaffen, sich in Ghana fleischlos zu ernähren. Für Veganer ist es jedoch fast unmöglich, herauszufinden, ob in den Mahlzeiten nicht doch irgendwelche tierischen Produkte enthalten sind.

Touristen wird dringend davon abgeraten, das Leitungswasser in Ghana zu trinken. In Flaschen abgefülltes Mineralwasser ist jedoch überall erhältlich. Es gibt kleine Flaschen, 1,5 Liter-Flaschen und Kanister mit 5 Litern Inhalt.

Ebenso sind die gängigen Softdrinks überall zu haben. Ananas- und Orangensaft sind sehr verbreitet. Ein typisches Getränk nennt sich **Tampico**. Es schmeckt erfrischend nach Zitrusfrüchten. Einen interessanten und ungewöhnlichen Geschmack hat der **Kalyppo-**

Saft, der aus der gleichnamigen Frucht und etwas Zucker zubereitet wird.

An alkoholischen Getränken ist das lokale **Lagerbier** am meisten verbreitet. Das Bier wird in der Regel in 1,5 Liter-Flaschen verkauft und ist von guter Qualität, wenn auch meist wässriger als das europäische Bier. Je nachdem, wo man die Flasche kauft, kostet sie zwischen einem und drei Euro. Der lokale Wein ist sehr günstig. Vor allem die Marke Don Garcia (im Tetra-Pak) ist weit verbreitet und billig.

Traditionell wird in Ghana auch Hirsebier gebraut. Es nennt sich **Pito** und stammt meist direkt aus einem Hinterhof oder einem Privathaus. Ebenso ist überall selbstgemachter **Palmwein** erhältlich. Diese beiden Getränke müssen frisch getrunken werden und können nicht über längere Zeit aufgehoben werden. Aus Palmwein werden auch stärkere alkoholische Getränke hergestellt. Sie heißen **Ntunkum** (eher mild und mit weniger Alkohol), **Doka** (älter und stärker) und **Akpeteshie** (besonders feurig und stark).

Tanz und Musik

In Westafrika gibt es eine recht große und unabhängige Musikszene und Ghanas Musiker waren immer eine der treibenden Kräfte in der Region. Vor allem in den letzten Jahrzehnten mischen sich traditionelle Musikstile mit modernen Einflüssen und die Musikszene darf zu Recht als sehr kreativ und innovativ bezeichnet werden.

Oft werden die traditionellen Trommelrhythmen mit den verschiedensten europäischen oder amerikanischen Musikstilen vermischt. Unter den jungen Musikern ist vor allem Reggae sehr beliebt. Auch Künstler aus den benachbarten französischsprachigen Ländern sind in Ghana populär. Moderne Musik wird überall auf CDs und teilweise auch noch auf Musikkassetten verkauft.

Die traditionelle Musik, die nur selten aus dem Lautsprecher kommt, sondern meist live aufgeführt wird, spielt bei allen Feierlichkeiten in ganz Ghana noch eine sehr bedeutende Rolle. Kein Fest läuft ohne den Einsatz von Instrumenten und Gesang ab. Im Süden des Landes ist die Musik stark von verschiedenen Trommeln dominiert, während im Norden von Ghana unterschiedliche Saiteninstrumente wie Fideln und Gitarren den Grundton angeben.

Kunst und Architektur

In der Kunst und der Architektur Ghanas sind Elemente aus Europa, aus dem arabischen Raum und aus anderen Regionen Afrikas zu finden. Wenn von Kunst die Rede ist, ist meist das traditionelle wie auch das moderne Kunsthandwerk gemeint.

Natürlich gibt es auch Theater, Musik, Literatur und Poesie. Aber das Kunsthandwerk ist für viele Menschen von Bedeutung, weil es als Einnahmequelle dienen kann. Meist werden die Kunstwerke nicht ausschließlich aus ästhetischen Gründen, sondern auch zu einem praktischen Zweck hergestellt. Heute gibt es neben Schalen, Töpferwaren, kunstvoll verzierten Stoffen, Schmuck und anderen Gebrauchsgegenständen aber auch Kunsthandwerk, das tatsächlich für den Verkauf an Touristen produziert wird.

Unter den stets sehr **farbenfrohen Kleidern** und Stoffen ist vor allem das Material, welches einst nur für die Gewänder der Könige verwendet wurde, sehr beliebt. Der Stoff nennt sich **Kente** und stammt ursprünglich aus der Region der Ashanti.

Die Architektur in Ghana hat sich in zwei sehr unterschiedlichen Bereichen entwickelt: einmal auf dem Land in den Dörfern und einmal in den Städten. In den ländlichen Gebieten dominieren Lehmbauten das Landschaftsbild. Vor allem im Norden des Landes sind die **Lehmhütten** in der Regel rund und haben ein kegelförmiges Dach aus Stroh. Im Süden findet man auch andere Gebäudeformen.

In den Städten, vor allem an der Küste, finden sich **Bauten aus der Kolonialzeit**, die entweder britischen oder portugiesischen Ursprungs sind. In Cape Coast und Accra sind noch einige schöne Beispiele britischer Villenarchitektur vorhanden. Die moderneren Bauten sind meist wenig ansehnlich und werden kostensparend aus Beton und Wellblech errichtet.

Literatur

Die **Erzählkunst** ist in Ghana weit verbreitet, wurde aber über Jahrhunderte nur mündlich weitergegeben. Die Schrift kam zunächst mit den Arabern ins Land, wurde aber erst mit der Ankunft der Briten auch zu etwas, das dem gewöhnlichen Volk zugänglich war.

Erst nach dem Zweiten Weltkrieg entwickelte sich in Ghana eine Art modernes Literaturverständnis. Im Rahmen der Bewegung zur Unabhängigkeit des Landes verfassten viele Autoren meist politisch motivierte Texte.

Nach der Unabhängigkeit hat sich dann eine kleine Elite an Autoren hervorgetan, die Romane verfassten. Kaum ein **Schriftsteller** in Ghana kann jedoch von diesem Beruf leben. Ein Hauptgrund dafür ist, dass große Teile der Bevölkerung nicht oder nur schlecht lesen können. Dennoch gibt es einige wenige Autoren, die es auf der internationalen Bühne zu Anerkennung gebracht haben, darunter sind Ama Ata Aidoo, Amma Darko und Ayikwei Armah. Ihre Bücher wurden in verschiedene Fremdsprachen, unter anderem sogar ins Deutsche übersetzt.

Feste / Festivals

Zahlreiche Feierlichkeiten und Festivals stehen in allen Regionen Ghanas auf dem Kalender. Diese meist sehr farbenfrohen Ereignisse sind einer der Gründe, warum sich Touristen gerade Ghana für eine Reise aussuchen. Einige Touranbieter organisieren sogar Rundreisen, die gezielt die Daten verschiedener Festivals berücksichtigen. Steht der Reisezeitraum fest, sollte man auf jeden Fall einen Blick auf den Festivalkalender werfen.

Die Festivals haben eine große Bedeutung in der Kultur Ghanas und die Menschen erinnern sich anlässlich der Feierlichkeiten an ihren Glauben, ihre Traditionen und ihre Ahnen. Meist wird um Schutz, Glück, Fruchtbarkeit und Gesundheit gebeten und der Gedanke, dass das Festival die Gemeinschaft stärkt und reinigt, spielt eine wichtige Rolle. Hier sind einige der wichtigsten Festivals beschrieben:

Aboakyir:
Das Aboakyir Festival ist das Fest der Jagd. Es wird von den Asafo-Völkern begangen. Dabei ziehen jeweils zwei Gruppen von Jägern los, um eine Antilope lebendig zu fangen. Die Gruppe, die als erste ihrem König oder Chief die **lebende Antilope** präsentieren kann, wird in einer speziellen königlichen Zeremonie (Durbar) für ihre besondere Tapferkeit geehrt. Das Fest findet im Mai in **Winneba** statt.

Homowu:
Das Homowu-Festival ist eine Art Erntedankfest, welches in der Hauptstadt **Accra** im **August** beziehungsweise **September** begangen wird. Eine Prozession bestehend aus den Stammesoberhäuptern und allen Zwillingspärchen der Umgebung in ihren schönsten Gewändern zieht durch die Straßen.
Begleitet wird das Fest von festlichen Banketten, wobei auch den Ahnen verschiedene Leckereien geopfert werden.

Fetu Afahye:
Das Fetu Afahye Festival ist eine Mischung aus Erntedankfest und dem Gedenken an den ersten Kontakt mit weißen Ausländern. Anlässlich der Feierlichkeiten zieht eine Gruppe von Stammesoberhäuptern in einer **Prozession** durch die Hauptstraßen der Stadt. Sie wird von Trommelrhythmen und Tänzen begleitet. Es werden zudem Musketen abgefeuert. Traditionell wird anschließend den 77 Göttern von Oguaa eine Kuh geopfert. Das Fetu Afahye findet in **Cape Coast** immer im **August / September** statt.

Bakatue:
Das Bakatue Fest wird am ersten Dienstag im **Juli** in **Edina und Elmina** an der Küste gefeiert. Bei dieser Feierlichkeit dreht sich alles um den Fischfang. Die lokalen Könige und Würdenträger werden in Sänften durch die Straßen transportiert, um am Ende der Prozession an einen heiligen Schrein zu gelangen, wo die Könige Getränke und Lebensmittel opfern. Traditionell werden Yams und Eier symbolisch ins Meer geworfen und dann mit einem Netz wieder eingesammelt. Durch diese Zeremonie wird die neue **Fischereisaison** eröffnet. Einer der Höhepunkte des Bakatue Festivals ist die **Regatta**, die am Ende der Feierlichkeiten stattfindet.

Dipo:
Das Dipo Fest ist die **Initiation** von jungen Mädchen. Sie werden symbolisch vom Kind zur Frau. Beim Dipo Fest formen die jungen Frauen eine Parade und sind dabei sehr spärlich bekleidet, aber prächtig geschmückt. Das Dipo Fest findet im April in **Krobo** statt (etwa 60 Kilometer östlich von Accra).

Odwira:
Auch das Odwira Fest ist ein **Erntedankfestival**. Den Göttern und Ahnen wird während einer ganzen Woche für die reiche Ernte gedankt und gleichzeitig wird den Legenden und Traditionen des Volkes gedacht. Die Familienbande sollen beim Odwira Fest erneuert und bekräftigt werden. Höhepunkt des Festes ist ein ausgelassenes und lautes Fest, bei dem der König eine Audienz hält und getrommelt und getanzt wird.

Das Odwira Festival findet jedes Jahr im **September** in **Akropong** etwa 120 Kilometer nördlich von Accra statt.

Fiok:

Das Fiok ist das **Kriegsfestival** der Busa. Es wird der Geschichte des Volkes gedacht. Bei einer Durbar Zeremonie am Königshof werden Trommeln geschlagen und Tänze aufgeführt. Das Fest findet im Stammesgebiet der Busa statt und zwar in der Stadt **Sandema**. Die Feierlichkeiten werden jedes Jahr im **Dezember** begangen.

Damba:

Ursprünglich stand das Damba Festival in Verbindung mit den Feierlichkeiten zum Geburtstag des Propheten Mohammed. Traditionell werden während zwei vollen Tagen **Festumzüge**, prunkvolle Vorführungen und Shows sowie Pferderennen organisiert. Vor einiger Zeit wurde der Termin für das Fest jedoch unabhängig vom islamischen Kalender auf ein Wochenende im **September oder Oktober** gelegt. Das Festival hat einen sehr traditionellen Charakter. Wer dieses Fest miterleben will, der kann dies in Tamale beziehungsweise Yendi im Norden des Landes tun.

Akwasidae / Adae:

Das Akwasidae Festival ist das **Reinigungsfestival** der **Ashanti**. Es findet alle sechs Wochen jeweils an einem Sonntag statt. Die Menschen kleiden sich anlässlich der Feierlichkeiten besonders farbenfroh und prachtvoll. Es wird den Göttern gedankt, Opfergaben werden gebracht und es wird viel getrommelt und getanzt.

Hogbetsotso:

In Anlo wird jedes Jahr im November eines besonderen historischen Ereignisses gedacht: Das Volk der Anlos ist einst vor einem tyrannischen Herrscher geflohen und aus dem Gebiet des heutigen Togo in ihr jetziges Stammesgebiet gezogen. Diese **Völkerwanderung** wird beim Hogbetsotso Festival nachgestellt. Die Frauen und Kinder des Stammes formen eine lange Prozession und laufen dabei rückwärts.

Dies ist nur eine kleine Auswahl der zahlreichen Festivals, die in Ghana von den verschiedenen Stämmen begangen werden. Am besten informiert man sich bei seinem Touranbieter, welche Möglichkeiten es während des jeweiligen Zeitraumes gibt, eine Feierlichkeit zu besuchen. Viele Anbieter legen ihre Reise so, dass das Akwasidae Festival der Ashanti, welches alle sechs Wochen stattfindet, in den Reiseverlauf integriert werden kann. An Neujahr finden fast überall unterschiedliche Feierlichkeiten statt, ebenso wie an Weihnachten und am Ende des Ramadan. Es lohnt sich auf jeden Fall, für ein Festival sein Tourprogramm anzupassen.

Sport

In Ghana ist Fußball der Nationalsport. Bereits 1957 wurde die Ghana Football Association gegründet und die Nationalmannschaft ist seit vielen Jahren recht erfolgreich. Bisher wurde Ghana viermal Sieger des Afrika-Cups. An der Weltmeisterschaft nahm Ghana 2006 zum ersten Mal teil. 2010 schaffte es Ghana als einzige Mannschaft des afrikanischen Kontinents ins Viertelfinale.

Bei den olympischen Spielen sind Sportler aus Ghana in verschiedenen Sportarten vertreten. 2004 in Athen traten 31 Athleten aus Ghana an. 2008 in Peking waren es neun Teilnehmer. 2012 in London trat Ghana mit zwei weiblichen und fünf männlichen Sportlern in vier Disziplinen an. Medaillen gewann Ghana jedoch nicht. 2016 nahmen 14 ghanaische Sportler an den Sommerspielen in Rio de Janeiro im Judo, Boxen, Schwimmen, Leichtathletik und Gewichtheben teil.

Viele junge Menschen in Ghana interessieren sich sehr für Sport und gerade Fußball ist ein beliebter Sport, dem fast auf jeder Art von Fläche nachgegangen wird. Viele der jungen Talente hoffen, über den Sport den Weg in ein besseres Leben zu schaffen und träumen von einer internationalen Karriere.

Aus Ghana kamen in den vergangenen Jahren einige Boxer, die international sehr erfolgreich waren, so auch Azumah Nelson und Nana Yaw Konadu, die jeweils dreimal Weltmeister wurden Ike Quartey und Joshua Clottey.

Sehenswürdigkeiten in ACCRA und Umgebung

Wenn man bedenkt, dass Accra schon vor 500 Jahren besiedelt war und 1977, als zum Beispiel Addis Abeba, Johannesburg oder Nairobi noch leeres Buschland waren, schon eine koloniale Hauptstadt war, ist die Stadt heute ein wenig enttäuschend. Es gibt kaum historische Wahrzeichen. Bis auf den Jamestown Leuchtturm sind die meisten geschichtsträchtigen Bauwerke entweder für die Öffentlichkeit geschlossen oder heruntergekommen.

Aktuell ist Accra eine recht moderne afrikanische Stadt mit etwa 2,3 Millionen Einwohnern. Damit ist Accra die elftgrößte Stadt des Kontinents. Die Viertel Jamestown und Usshertown besitzen einen gewissen Charme und in den modernen Stadtteilen wie Osu und Adabrake findet man eine Vielzahl an Bars, Restau-

49

rants und auch ein reges Nachtleben. Insgesamt erscheint Accra den meisten Besuchern sehr hektisch und teils sogar chaotisch. Aber was diese Stadt zu etwas Besonderem macht, ist die Herzlichkeit und Freundlichkeit ihrer Bewohner. Verglichen mit anderen afrikanischen Städten ähnlicher Größe ist Accra eher entspannt und auch recht sicher. Gewaltverbrechen gegen Touristen sind sehr selten. Wie in allen großen Städten kommen Taschendiebstähle und Trickbetrügereien allerdings häufig vor.

Straßenszene in Accra

Accra

Der internationale Flughafen Kotoka International Airport liegt etwa vier Kilometer von der Innenstadt entfernt. Es gibt zwei Terminals, wobei die meisten internationalen Flüge von **Terminal 2** aus starten und Terminal 1 eher für die Inlandflüge genutzt wird. Wenn **Pass und Visum** nicht zu beanstanden sind, laufen die Kontrollen am Flughafen bei der Einreise recht zügig ab.

Um vom Flughafen in die Stadt zu gelangen, ist ein Taxi die einfachste Lösung. Man sollte stets eines der offiziellen **Taxis** nehmen und nicht mehr als 5-8 Euro zahlen. Es ist wichtig, den Preis im Voraus zu verhandeln, sonst kann die Fahrt auch leicht das Doppelte kosten. Günstiger sind **Trotros und Sammeltaxis**, was jedoch mit größerem Gepäck unbequem und unpraktisch sein kann. Tagsüber spricht nichts dagegen, diesen etwas authentischeren, günstigeren und beschwerlicheren Transportweg zu wählen.

Auch um sich innerhalb der Stadt zu bewegen, sind Taxis und Sammeltaxis die einzigen Alternativen, denn ein funktionierendes öffentliches Transportsystem ist nicht vorhanden.

In Accra gibt es eine **Touristeninformation**, die montags bis freitags von 8:30 bis 12:30 und von 13:30 bis 17:00 geöffnet ist. Sie befindet sich in der Second Avenue in einem Hochhaus direkt hinter dem State House. Die Mitarbeiter sind sehr freundlich und hilfsbereit und haben Broschüren sowie **Stadtpläne**.

Touren kann man bei verschiedenen **Anbietern** buchen. Zuverlässig sind Abacar Tours in der Bobo Street (www.abacar-tours.com), Ghana Car Rentals in der Paradise Street (www.ghana-car-rentals.com) und Easy Track Ghana in der Kisseman Street (www.easytrackghana.com). Auch M&J Travel & Tours in der Ring Road East nahe beim Danquah Kreisel (www.mansjtravelghana.com) und Jolinaiko Eco Tours (www.joli-ecotours.com) bieten Touren in die Umgebung, Ausflüge, Transfers und andere Dienstleistungen an.

Was das Sightseeing angeht, ist Accra nicht unbedingt reich mit **Sehenswürdigkeiten** bestückt. Trotzdem findet man sicher ein angenehmes Programm für einen halben oder einen ganzen Tag. Am besten bucht man eine Stadtrundfahrt bei einer der oben genannten Touranbieter oder man sucht sich ein Taxi, mit dem man einen Preis pro Stunde aushandelt.

Als **Zentrum der Stadt** wird meist das Innere der Ringstraße bezeichnet. Hier liegen die Stadtteile Usshertown und Jamestown. Diese sind die charmantesten Viertel und werden manchmal auch als Altstadt bezeichnet. Diese Gegenden kann man bequem zu Fuß erkunden. Man findet ein buntes Gemisch aus alten Gebäuden, kleinen Märkten und Geschäften, aber auch offene Abwasserkanäle und öffentliche Toiletten mit den entsprechenden Gerüchen.

Von der kleinen Agentur **Jamestown Walking Tours** werden neuerdings kurze geführte Stadtrundgänge angeboten. Wer sich einer dieser Touren anschließt, kann sicher sein, nichts zu verpassen und nicht aus Versehen irgendwo hin zu gelangen, wo er möglicherweise nicht willkommen ist. Die Touren starten am **Jamestown Leuchtturm** immer samstags um 14 Uhr. Der Leuchtturm ist eines der Wahrzeichen Accras. 1871 wurde ein Leuchtturm von den Briten errichtet, um dann 1930 durch einen moderneren ersetzt zu werden. Das heutige Gebäude ist weiß-rot gestreift und von weither sichtbar. Im Grunde ist der Turm nicht für die Öffentlichkeit geöffnet, aber hier treiben sich immer selbsternannte Guides und Leuchtturmwächter herum, die Touristen für zwei oder drei Euro erlauben, die 82 Stufen hinauf zu steigen und den **Ausblick** zu genießen. Wer sich nicht darauf einlassen möchte, kann auf das siebenstöckige City Parkhaus steigen und dort denselben Ausblick umsonst haben.

Neben dem Leuchtturm steht das Fort James, das Jamestown seinen Namen gegeben hat. Die Festung ist von den Briten errichtet worden und hat lange Zeit als Gefängnis gedient. Für ca. 9 Euro kann das Fort James besichtigt werden. Es ist jedoch **verboten**, das Fort **zu fotografieren**.

Einen Abstecher ist auch der alte **Fischerhafen** wert. Dieser befindet sich unterhalb des Fort James am Wasser. Am frühen Morgen, wenn die Fischer mit ihren kleinen bunten Piroggen und dem frischen Fang ankommen, entsteht ein lebendiger und lauter Markt, auf dem die Ware verkauft wird. Hier am Hafen und auf dem Markt sind die Menschen etwas eigen, was das Fotografieren angeht.

Wenn man vom Leuchtturm aus die High Street in Richtung Osten geht und bei der ersten Gelegenheit rechts abbiegt, kommt man zum **Brazil House Museum**. Das Gebäude wurde mit der Unterstützung der UNESCO 2007 restauriert. Es wurde von einer Gruppe von aus Brasilien stammenden ehemaligen Sklaven 1836 errichtet. Die Gruppe nannte sich Tabom, was vom portugiesischen „Ta bom" kommt. Das bedeutet so viel wie „es geht mir gut". Außen ist das Haus der befreiten Sklaven bunt bemalt und die Gemälde erzählen die Geschichte der Tabom.

Das **Fort Ussher** ist die älteste Festung in Accra. Es wurde von den Holländern 1642 erbaut und später von den Briten genutzt. Bis 1990 war auch dieses Fort ein Gefängnis. Es ist leider heute weitgehend eine Ruine. Nur in einem kleinen Gebäude gibt es ein Museum zum Thema Sklavenhandel, das recht interessant ist. Der Eintritt kostet weniger als zwei Euro.

In der John Atta Mills High Street befindet sich die **Kathedrale der heiligen Dreieinigkeit**. Diese wurde 1895/96 gebaut und zwar von damals renommierten englischen Architekten. Ein weiteres auffälliges Gebäude ist die **Alte Post**, die aus der Kolonialzeit stammt und sich in der Bank Street befindet. Der **Bahnhof** ist wohl eines der schönsten noch erhaltenen Gebäude aus dem 19. Jahrhundert in Accra. Er liegt im Norden des Stadtteils Usshertown.

Der **Kwane Nkrumah Memorial Park** befindet sich an der John Atta Mills Street unmittelbar am Meer. Der Park auf dem Gelände des ehemaligen kolonialen Poloclubs ist 5 Hektar groß.

Das Herzstück des Parks bildet das **Mausoleum des ehemaligen Präsidenten Nkrumah**, dessen sterbliche Überreste hier begraben liegen. Ein kleines Museum enthält Fotos und Artefakte, die Nkrumahs Geschichte erzählen.

In diesem Park hat ein Jahr, bevor Ghana unabhängig wurde, Louis Armstrong ein Konzert vor 100.000 Menschen gegeben. Noch heute finden hier große Veranstaltungen statt. Normalerweise ist der Park von 10 bis 18 Uhr geöffnet. Der Eintritt kostet umgerechnet etwa 2,50 Euro. Allerdings werden um die 10 Euro für die Fotografiererlaubnis verlangt und sogar 20 Euro fürs Filmen.

Der **Makola Markt** ist der größte Markt unter freiem Himmel in Accra. Er findet täglich auf dem Makola Platz statt und ist ein farbenfrohes und lebendiges Durcheinander von Händlern und Kunden. Vor allem bunte Stoffe kann man hier günstig erstehen.

Das **Nationalmuseum** von Accra ist täglich von 8:30 bis 16:30 Uhr geöffnet und kostet etwa 4 Euro Eintritt. Fürs Fotografieren werden etwa 9 Euro und für eine Filmerlaubnis unglaubliche 90 Euro verlangt. Das Gebäude an sich ist schon sehenswert, denn es wurde von dem berühmten Architekten Sir Denys Lasdun entworfen, der auch das Nationaltheater in London designt hat. Es handelt sich hauptsächlich um ein ethnografisches Museum, in dem unter anderem verschiedene alte Schnitzereien, Artefakte der unterschiedlichen Stämme Ghanas, alte Throne der Ashanti sowie auch der Stuhl des ehemaligen Präsidenten Kwane Nkrumah ausgestellt sind.

Auf halbem Weg zwischen Osu und Usshertown steht der Black Star Arch (Schwarzer Stern Bogen) auf dem Black Star Platz oder Unabhängigkeitsplatz. Dieses sozialistisch anmutende Monument wurde von Präsident Nkrumah in Auftrag gegeben. Hier finden noch heute die Feierlichkeiten und Paraden am Unabhängigkeitstag statt. Das Ensemble ist allein schon sehenswert wegen seiner schieren Größe.

Das **Nationaltheater** ist eines der eindrucksvolleren Gebäude in Accra. Es wurde von den Chinesen im Jahr 1992 errichtet und man kann sein Inneres für weniger als einen Euro besichtigen. Es sind einige Musikinstrumente und moderne Skulpturen zu sehen.

Das **Osu Castle** oder die **Christiansborg** befindet sich wie auch die anderen Festungen am Meer. Es wurde im 17. Jahrhundert von den Dänen erbaut und nach König Christian V. Fort Christiansborg genannt. Später wurde es von den Portugiesen besetzt und schließlich 1850 an die Briten verkauft. Es ist streng **verboten**, das Osu Castle **zu fotografieren**. Es ist geplant, dieses Bauwerk den Museumsbehörden zu übergeben und es der Öffentlichkeit zugänglich zu machen, aber das ist bisher noch nicht geschehen.

Außerhalb der Ringstraße befinden sich mehrere Strände. Der **La Beach** ist wohl der schönste Strand zum Baden. Hier steigt außerdem jeden Donnerstagabend eine riesige Freiluftparty. Auch an allen anderen Tagen sind hier mehrere Restaurants und Bars geöffnet und es ist eigentlich immer etwas los.

Der **Stadtteil Nima** ist eines der Armutsviertel von Accra. Hier leben hauptsächlich Muslime und Einwanderer aus anderen westafrikanischen Ländern auf engstem Raum mit schlechter Versorgung und in heruntergekommenen Gebäuden. Trotzdem gibt es auch hier den Versuch, Touristen anzulocken. Es werden Touren für etwa 5 Euro pro Person und Stunde angeboten, bei denen die Besucher durch das Viertel geführt werden. Man kann hier eine Moschee, die Koranschule, eine Kirche und den Markt besichtigen sowie Auftritte von Trommlern und Tänzern erleben. (http://ghana-nima-tours.yolasite.com)

Der **Zoo von Accra** liegt etwa 10 Kilometer vom Zentrum entfernt im Südwesten der Stadt. Der Eintritt kostet 2 Euro und die Fotoerlaubnis ebenfalls. Der Zoo ist in das Achimota Waldschutzgebiet integriert. Hier befindet sich auch die Aufzuchtstation für be-

drohte Primaten (EPBC). In der Aufzuchtstation leben
15 Primaten der Art der **Rußmangaben** und eine
Gruppe von Roloway Meerkatzen, die beide als stark
gefährdet eingestuft sind. Die **Roloway Meerkatze**
logiert sogar unter den Top 25 der bedrohten Tierar-
ten. Mit dem Besuch des Zoos unterstützen die Besucher das Aufzuchtprojekt und haben die Möglichkeit,
diese wirklich seltenen Tiere zu sehen. Zudem leben
im Zoo auch andere Tiere, die in Ghana heimisch
sind, wie Warzenschweine und Streifenhyänen.

In Accra gibt es recht viele Hotels in nahezu allen
Preis- und Komfortklassen. Die luxuriöseste Adresse
ist wohl das Mövenpick Hotel Ambassador mit 260
Zimmern in der Independance Avenue, das allen Luxus eines Fünf-Sterne-Hotels bietet. Entsprechend
liegen die Preise auch bei 300-400 Euro pro Nacht.
Sehr gut ist das Afia African Village, welches sich
direkt am Meer befindet und aus 30 hübschen kleinen
Chalets besteht. Hier kann man für etwa 100 Euro ein
Zimmer für eine Nacht buchen.
Das Roots Hotel im Stadtteil Osu bietet für etwa 120
Euro pro Nacht im Doppelzimmer schöne Apartments
in einem siebenstöckigen Gebäude. Es gibt im obers-
ten Stock ein Restaurant, in dem jedoch kein Alkohol
serviert wird.
Das Hotel Paloma im Stadtteil Adabraka verfügt über
62 Zimmer mit Klimaanlage und kleiner Küche für
etwa 100 Euro pro Nacht. Restaurants befinden sich
im selben Gebäudekomplex.
Für um die 30 bis 40 Euro pro Nacht kann man im
Calvary Methodist Guesthouse, im Rising Phoenix
Beach Resort, in der Greenfield Lodge oder im Lake
Bosumtwi Hotel unterkommen. Das Blue Royal Hotel

oder das Kohinoor Hotel bieten annehmbare Zimmer für um die 50-60 Euro pro Nacht. Die meisten haben eine Klimaanlage und warmes Wasser.

Wer es besonders günstig haben möchte, kann im Salvation Army Hotel für weniger als 5 Euro im Schlafsaal übernachten. Hier muss man jedoch recht unempfindlich sein. Zudem wird die Eingangstür um 22:30 abgesperrt.

In Accra gibt es, verglichen mit anderen Städten im Land, die besten **Einkaufsmöglichkeiten**. In den vergangenen Jahren wurden mehrere große Einkaufszentren errichtet. Das größte und am besten ausgestattete ist die Accra Mall in der Spintex Road. Hier gibt es internationale Fashion-Geschäfte, Geldautomaten, Restaurants, einen großen Supermarkt und sogar einen Apple Shop (den einzigen in der Stadt).

Das **Woolworth Centre** in der Liberation Road und die etwas neuere **Marina Mall** in der Nähe des Flughafens sind ebenfalls größere Einkaufszentren.

Natürlich gibt es auch hunderte von kleinen Geschäften in Accra sowie einige größere Lebensmittelmärkte. Die Öffnungszeiten der einzelnen Läden sind sehr unterschiedlich und oft auch nicht regelmäßig.

Wer Souvenirs kaufen möchte, begibt sich am besten auf einen der Märkte, auf denen Kunsthandwerk angeboten wird. In der Koi Roas im Stadtteil Osu liegt der **AACD African Market**, auf dem unter anderem, aber nicht ausschließlich lokale unabhängige Künstler ihre Waren anbieten. Der Markt ist täglich, außer sonntags geöffnet.

In der 14th Lane, ebenfalls in Osu, befindet sich der **Global Mamas** Markt. Hier kann man ebenfalls täglich außer sonntags alle möglichen handgefertigten

Produkte kaufen, die hauptsächlich von Frauen hergestellt werden.

Weitere Adresse für Kunsthandwerk sind die **Artist
Alliance Gallery** in der Beach Road, der **Kane Kwei
Carpentery Workshop** in der Tema Road und The
Loom in der Nkrumah Road.

Interessant ist **Trashy Bags**, ein kreativer Laden in
Dzorwulu, wo 60 Künstler damit beschäftigt sind, aus
Plastikabfällen bunte Kunstwerke und Gebrauchsge-
genstände zu fertigen. Es handelt sich hierbei um eines der wenigen gelungenen Recycling-Projekte und
einige der Produkte eignen sich hervorragend als
außergewöhnliche Souvenirs.

Küste bei Accra

Atsiekpoe

Atsiekpoe liegt am Nordostufer des Volta, etwa 80 Kilometer von der Stadt Accra entfernt. Der Name Atsiekpoe bedeutet Ort der Cashewbäume. Seit der Akosombo Damm gebaut wurde, bleiben die jährlichen Überflutungen des Ackerlandes in dieser Gegend aus. Damit bleibt auch der Flussschlamm aus, der das Gebiet so fruchtbar gemacht hat. Trotzdem wachsen Cashew Bäume hier noch immer. Es gibt ein kleines Ökotourismusprojekt in Atsiekpoe rund um die Cashew Village Lodge. Hier kann man die Cashew Bauern und ihre Familien bei ihrem alltäglichen Leben beobachten. Für etwa 3 Euro kann man an einem geführten Spaziergang durch das Dorf teilnehmen und viel über das Leben der Menschen erfahren.

Tema

Tema liegt 25 Kilometer östlich von Accra. Die Stadt ist mit 400.000 Einwohnern die viertgrößte des Landes und hat den größten Hafen von Ghana. 80% der Importe und Exporte Ghanas werden über den **Containerhafen** von Tema abgewickelt. Außerdem nutzen Mali, Burkina Faso und Niger, die selbst keine Häfen haben, Tema als Zugang zum Meer. Weil sich hier eigentlich alles um den Handel dreht, wird die Stadt von Touristen nur wenig beachtet. Sehenswürdigkeiten im eigentlichen Sinne gibt es nicht.

Wenn man sich hierher verirrt, dann ist der zentrale **Markt** einen Abstecher wert. Hier herrscht jeden Tag geschäftiges Treiben. Auf dem Gelände des Marktes befindet sich auch die presbyterianische Kirche, welche genau auf dem Greenwich Längengrad liegt.

Im Innenhof des **stillgelegten Hotel Meridian** steht ein mächtiger **Baobab**, der von **Stamm der Kpeshie** als heilig erachtet wird. Der Legende nach sind alle Versuche, diesen Baum im Zuge der Bauarbeiten für das Hotel zu fällen, fehlgeschlagen.

Etwas außerhalb von Tema befindet sich die **Sakuma Lagune**. Diese ist vom Meer durch eine kleine Sanddüne getrennt und ist der Lebensraum von **Meeresschildkröten** und von mehr als 70 Wasservogelarten. Die Lagune wird von den Kpeshie als heilig angesehen. Um die Tiere in der Lagune zu bewahren, ist das Fischen und Fangen von Krabben von Januar bis März verboten. Anfang April findet dann ein großes Fest (das Kpledjoo Festival) statt, um die Eröffnung der Fischereisaison zu begehen.

Es gibt dennoch einige Hotels, die recht gut, aber auch teuer sind. Hier kommen weniger Touristen als vielmehr Businessgäste unter. Das Hotel Marjorie Y, das Crimson Hotel und das Ave Maria Resort bieten angenehme Zimmer für 70 bis 100 Euro. Das Ave Maria Resort hat sogar einen Wellnessbereich und einen Fitnessraum, auch wenn das gesamte Gebäude dringend einer Renovierung bedarf.

Teshie-Nungua

Die kleine Küstenstadt **Teshie-Nungua** liegt auf halbem Weg zwischen Tema und Accra. Sie hat 90.000 Einwohner und gehört damit zu den 20 größten Städten Ghanas.

Die **Strandhotels** in Teshie-Nungua sind eine gute Alternative zu den Hotels in der Hauptstadt. Ansonsten ist die Stadt interessant, weil entlang der Hauptstraße zahlreiche Ateliers von **Sargschreinern** liegen und diese ihre zum Teil kuriosen Kreationen am Straßenrand ausstellen. Man kann hier Särge in Form von Bierflaschen, Tierkörpern, Briefkästen oder Autos finden.

Besonders komfortabel und entsprechend teuer sind das Ramada Resort Coco Beach und das African Royal Beach Hotel. Beide liegen zwischen dem felsigen Strand und der Küstenstraße, die nach Tema führt. Beide Hotels haben schöne Poolanlagen, gut ausgestattete Zimmer mit Klimaanlage und ein Zimmer kostet ab 140 Euro pro Nacht. Etwas günstiger ist das Beachcomber Guesthouse, das zwar nur 5 Zimmer hat, die aber über Meerblick verfügen. Zur Anlage gehört ein hübsches entspanntes Restaurant. Hier kann man in einem Zimmer mit Klimaanlage für um die 30 Euro unterkommen.

Aburi

Aburi befindet sich etwa eine Autostunde von Accra entfernt in den **grünen Hügeln von Akwapim**. Die Stadt hat 18.000 Einwohner. Schon zur Kolonialzeit haben viele Menschen Aburi und seine Umgebung als Rückzugsort und Naherholungsgebiet für das Wochenende genutzt, weil hier das Klima kühler ist als in Accra. Damals entstand ein **Sanatorium**, das von einem **botanischen Garten** umgeben ist. Dieses Ensemble ist noch heute die Hauptattraktion in Aburi.

Der botanische Garten erstreckt sich über 65 Hektar und wurde im 19. Jahrhundert angelegt. Es gibt viele endemische Pflanzen, aber auch exotische Gewächse zu bewundern. Eines der Prachtstücke ist ein 150 Jahre alter Kapok-Baum. Man kann bei klarem Wetter weit in die Landschaft hinaus blicken und sogar Accra in der Ferne sehen. Der Eintritt kostet etwa 2 Euro.

Um die Hügel von Akwapim zu erkunden, ist eine **Mountainbike-Tour** eine der schönsten Alternativen. Unmittelbar in der Nähe des Eingangs zum botanischen Gartens bietet die kleine Agentur Ghana Bikes Mieträder an. Der Besitzer hat mehrere Routen von zwei Stunden bis zu drei Tagen im Angebot.

Eine weitere Unternehmung, die in Aburi angeboten wird, ist die Besichtigung der **Kakaoplantage** Tetteh Quarshie. Die Plantage liegt nördlich von Aburi und wurde in den 1870er Jahren angelegt. Hier kann man die erste Kakaopflanze sehen, die in Ghana von Tetteh Quarshie gepflanzt wurde und das Land schließlich zu einem der größten Kakaoexporteure machte.

In Aburi gibt es mehrere gute Unterkünfte, die meist in schöner Umgebung liegen. Das Hillburi Hotel hat für etwa 140 Euro pro Nacht drei sehr elegante Zimmer mit großen Betten, Flachbildfernsehern, Minibar und luxuriösen Badezimmern.

Das Aruba Guesthouse verfügt über 12 Zimmer mit Klimaanlage und jeweils einem Balkon, von dem aus man auf die umliegenden Hügel blicken kann. Das Restaurant bietet Mahlzeiten aus Asien, Europa und Afrika zu erschwinglichen Preisen. Die Zimmer kosten um die 50 Euro pro Nacht.

Günstiger sind das Sweet African Guesthouse mit 11 Zimmern, das Highlander Hotel miit acht Zimmer und das Oylander Hotel mit 5 Zimmern. In diesen drei Einrichtungen kostet ein Zimmer mit Klimaanlage weniger als 20 Euro pro Nacht.

Shai Hügel Schutzgebiet

Das **Schutzgebiet der Shai Hügel** ist etwa 50 Quadratkilometer groß und das Tierschutzgebiet, das am nächsten an der Hauptstadt Accra gelegen ist. Den Namen hat es vom Volk der Shai, die hier gelebt haben, aber von den Briten vertrieben wurden. Die Vegetation besteht hauptsächlich aus **Savanne**, in der einige vereinzelte Felsformationen aus Granit verstreut liegen. Es gibt mehrere immergrüne **Trockenwälder** mit zahlreichen endemischen Pflanzen.

Ursprünglich wurde das Gebiet als Waldschutzgebiet eingerichtet, aber 1962 zu einem **Wildtierschutzgebiet** umklassiert. Unter den Tieren, die hier leben, sind unter anderem verschiedene Antilopen und Affen sowie mehr als 170 Vogelarten. Die Chancen, zumindest **Paviane** zu sehen, sind sehr gut.

Es gibt im Schutzgebiet eine sehr eigenartige Regelung, was die **Eintrittspreise** betrifft. Der obligatorische Guide kostet etwa 11 Euro für die erste Stunde und weitere zwei Euro für jede weitere Stunde. Kletterer und Vogelbeobachter können für 15-16 Euro eine Art Tagesticket erwerben. Je nachdem, mit welcher Art von Fahrzeug man in den Park fahren möchte, werden weitere Gebühren erhoben, die bei ein bis drei Euro liegen.

Neben der Möglichkeit, für etwa 8 Euro im Park zu campen, gibt es in der Umgebung des Schutzgebietes zwei kleine Lodges: das Marina Hotel und die Stone

Lodge. Die Stone Lodge ist etwas teurer, verfügt aber sogar über einen Golfplatz mit 9 Löchern. Das Marina Hotel kostet pro Nacht um die 30 Euro und bietet Klimaanlage, Fernseher und ein hübsches Restaurant.

Kokrobite

Die Ortschaft Kokrobite liegt etwa 20 Kilometer Luftlinie westlich von Accra. Durch den dichten Verkehr der Vororte der Hauptstadt kommt einem die Entfernung jedoch deutlich weiter vor.

Hier gibt es am Strand einige **Bars**, Restaurants und Hotels, die von vielen Einheimischen am Wochenende aufgesucht und von einigen Touristen als die entspanntere Alternative zum hektischen Accra gewählt werden. An den Wochenenden kann man hier mit der jüngeren Generation Ghanas bis in die Morgenstunden feiern. Mehrere Bars werben damit, dass sie 24 Stunden geöffnet sind und es gibt vor allem freitags und samstags abends häufig live Musik.

Leider hat sich **Kokrobite** zu einer weniger sicheren Location entwickelt und es kommt hier häufiger zu Diebstählen und Überfällen als anderswo im Land. Aktuell ist ein Programm im Gange, das ehemalige Straftäter als Security-Guards am Strand patrouillieren lässt. Dadurch ist zumindest der unmittelbare **Strand von Langma** sicherer geworden.

Die meisten Besucher von Kokrobite kommen wegen der Strände oder der Partyszene. Ganz in der Nähe gibt es aber auch noch den **Solo Affenwald**, der sich für einen Ausflug anbietet. Dieser kleine Park befindet sich bei Bortianor etwa vier Kilometer außerhalb von Kokrobite. In dem von der Gemeinde verwalteten kleinen Schutzgebiet leben **Kleine Weißnasenmeer-katzen,** die man am besten am frühen Morgen sehen kann.

Auch das **Densu Flussdelta** liegt nur vier Kilometer von Kokrobite entfernt. Auf um die 100 Quadratkilometern wechseln sich in dem Delta Lagunen, Dünen und Palmen ab und formen eine malerische Landschaft. Das Gebiet ist seit den 1990er Jahren als **Ramsar Feuchtgebiet** unter Schutz gestellt. Zwischen den Lagunen und dem Meer brüten **Meeresschildkröten**. Je nach Jahreszeit trifft man hier Scharen von Zugvögeln an, die ihre Reise nach Norden oder nach Süden hier unterbrechen. Auch die seltene **Rosenseeschwalbe** ist hier zu finden. Es gibt die Möglichkeit, auf den Lagunen Fahrten mit dem Kanu zu unternehmen.

Als wirklich luxuriös kann das Bojo Beach Ressort bezeichnet werden. Dieses Hotel verfügt über 35 Zimmer und liegt vier Kilometer außerhalb von Kokrobite an einer Lagune. Die Zimmer sind sehr geschmackvoll eingerichtet und haben Klimaanlagen. Es gibt drei Restaurants. Dennoch scheinen die Preise mit etwa 200 bis 400 Euro pro Nacht überteuert.

Erschwinglicher und trotzdem recht gut sind das Sandpiper Beach Hotel mit großzügigem eigenem Palmenstrand und schönen großen Zimmern mit Jacuzzi für 55-70 Euro pro Nacht und das Holiday Beach Hotel, das einige hundert Meter vom Strand entfernt liegt, aber für 55-65 Euro pro Nacht schöne Zimmer mit Küchenzeile bietet. Hier gibt es auch einen Fitnessraum und einen Whirlpool.

Für um die 20-30 Euro pro Nacht kann man im Kokrobite Garden Guesthouse, im Korkor Inn oder im

Barbaras Village unterkommen. Auch das Big Millys Backyard ist eine empfehlenswerte Adresse. Hier kostet ein Zimmer mit Klimaanlage, heißem Wasser und Kühlschrank um die 25 Euro pro Nacht. Bar und Restaurant bieten erstklassige Meeresfrüchte und frische Fruchtsäfte sowie Cocktails.

Sehenswürdigkeiten im SÜDEN

Im Süden ist Ghana am dichtesten besiedelt. Hier liegen nicht nur die Hauptstadt Accra, die mit Abstand die größte Stadt des Landes ist, sondern auch Elmina und Cape Coast, die zu Kolonialzeiten wichtige Handelsstützpunkte der Europäer waren.

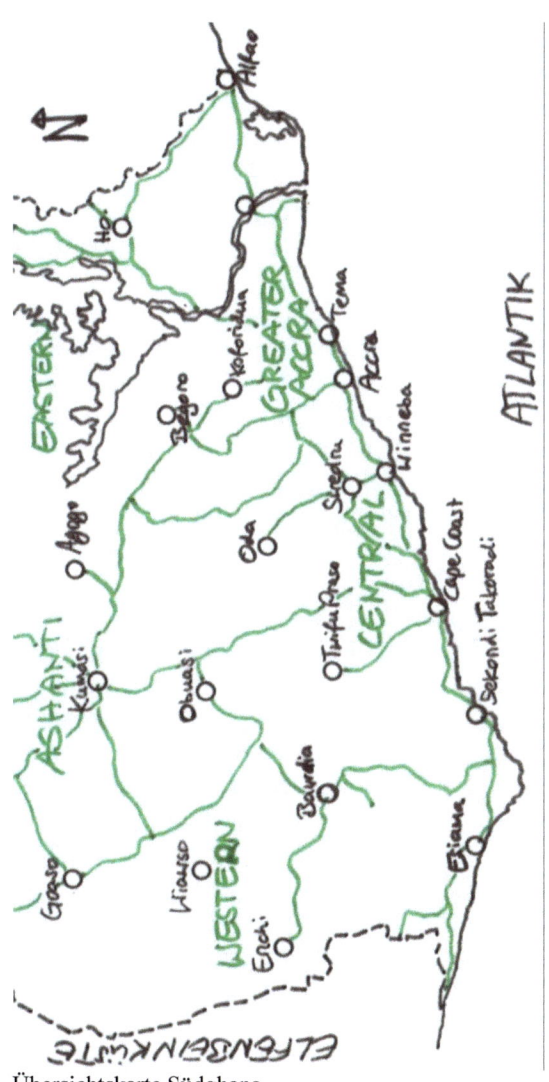

Übersichtskarte Südghana

Winneba

Winneba ist die größte Küstenstadt zwischen Accra und Cape Coast. 70.000 Menschen leben hier und die Stadt ist eine bunte Mischung aus quirligen Märkten, zerfallenden kolonialen Fassaden und einem intensiv riechenden **Fischerhafen**.

Bis auf die Methodistenkirche aus dem 19. Jahrhundert und zwei europäische Friedhöfe gibt es wenig gut erhaltene Strukturen in Winneba. In der Nähe gibt es jedoch ein recht erfolgreiches **Ökotourismusprojekt**, das zu den Ramsar Feuchtgebieten gehört und bei dem sich alles um den Schutz von **Meeresschildkröten** und Vögeln dreht. Man kann im **Muni-Pomadze Schutzgebiet** von September bis März nächtliche Touren buchen, bei denen man mit etwas Glück die Schildkröten bei der Eiablage beobachten kann. Diese Spaziergänge mit einem erfahrenen Guide kosten um die 10 Euro pro Person.

Winneba ist außerdem für das **Aboakyir Festival** bekannt, das hier seit 300 Jahren immer am ersten Maiwochenende stattfindet. Es handelt sich um ein Jagdfestival, bei dem die jungen Männer in traditionellen Kleidern versuchen, ohne Waffen eine Antilope zu erlegen. Das Tier wird am Sonntagmorgen mit viel Lärm gefangen und am Sonntagnachmittag den Göttern geopfert.

Die Lagoon Lodge in Winneba liegt etwa eineinhalb Kilometer westlich von Winneba. Sie gilt als besonders angenehme Unterkunft und das Personal ist sehr freundlich. Im Restaurant gibt es hervorragende Meeresfrüchte. Man sollte vorab reservieren, denn die 20 Zimmer mit Ventilator sind oft schon im Voraus ausgebucht. Die Übernachtung kostet nur um die 18 Euro.

Mankessim

Die kleine Stadt Mankessim ist mit ihrer Schwesterstadt **Saltpond** zusammengewachsen. Gemeinsam haben die zwei Siedlungen etwa 20.000 Einwohner. Sie liegen an der Küstenstraße zwischen Accra und Cape Coast. Mankessim ist die geschäftigere der beiden Städte. Mittwochs wie auch samstags, wenn **Markttag** ist, herrscht reges Treiben. Saltpond wirkt mit seinen engen Gassen und Kolonialgebäuden wie eine kleinere Version von Cape Coast.

In den beiden Städten gibt es mehrere sehr unterschiedliche Beispiele für **Posuban**, die Schreine, die für diese Region typisch sind. Posuban wurden nur hier an der Küste Ghanas errichtet und kaum jemand weiß genau, wann und warum. Es handelt sich um eine Art Ritualort, der von einer lokalen Firma erbaut und zu religiösen Zwecken genutzt wird. Manche sind außen reich verziert, andere sind nicht als Posuban zu erkennen. Bekannt ist zum Beispiel der Posuban in Mankessim, der von der **Asafo-Vereinigung Nr 2** erbaut wurde. Diese Asafo Vereinigungen sind paramilitärische Vereine, die unter anderem auch die Schreine errichten. Hier sind im Erdgeschoss zahlreiche lebensgroße Figuren und Tiergestalten zu sehen. Die Darstellungen sind weitestgehend **kryptisch** und man braucht einen lokalen Führer, um die **Symbolik des Posuban** zu verstehen. Es wird kein Eintrittsgeld verlangt, aber wer sich ein paar Erklärungen geben lässt, von dem wird eine kleine Spende erwartet. Der schönste **Schrein in Saltpond** wurde ebenfalls von der Asafo-Vereinigung Nr 2 errichtet und stammt wahrscheinlich schon aus dem 17. Jahrhundert. Er ist von außen mit zahlreichen **Figuren aus Beton** verziert.

In Saltpond gibt es zudem das **Fort Amsterdam**, welches auf einem Hügel steht und eine schöne Aussicht bietet. Es wurde 1631 erbaut und 1811 fast vollständig zerstört. Die Behörde für Denkmäler und Museen hat das Fort 1951 wieder aufgebaut. Der Eintritt kostet etwa zwei Euro. Der Strand von Saltpond ist von Palmen gesäumt und kann als Badestrand genutzt werden.

Es gibt hier einige Unterkünfte, wobei vor allem die Strandresorts beliebt sind. Das Sisimbo Beach Resort mit 12 Zimmern für umgerechnet etwa 80-90 Euro pro Nacht gilt als die beste Adresse in der Gegend. Im Koko Bongo Beach Resort oder im Abandze Beach Resort kann man günstiger unterkommen. Letzteres liegt malerisch zwischen dem Meer und der Etsi Lagune.

Apam

Die kleine Stadt **Apam** liegt an der Küste und ist bekannt für ihr Fort Lijdzaamheid, was niederländisch für Geduld steht. 1697 wurde die mittlerweile heruntergekommene Festungsanlage von den Niederländern erbaut, 1782 von den Briten übernommen, 1785 den Niederländern wieder zurückgegeben, um dann schließlich 1868 wieder in britische Hände zu fallen. Das **Fort Lijdzaamheid** ist eines der kleineren Forts und die Größe der Gefängniszellen lässt erahnen, dass hier nie größere Gruppen von Sklaven gefangen gehalten wurden. Die Lage des Forts auf einem kleinen Hügel direkt am Meer ist jedoch malerisch. Der Eintritt kostet knapp zwei Euro.

Wenn man durch Apam kommt, kann man sich neben dem Fort auch die **Methodistenkirche** ansehen. Der Strand von Apam ist nicht zu empfehlen, denn er wird fast ausschließlich als öffentliche Toilette genutzt, getrennt nach Männlein und Weiblein auf je einer Seite des Strandes.

Moree

Moree liegt nur fünf Kilometer von Cape Coast entfernt. Hier haben die Holländer zum ersten Mal in Ghana Fuß gefasst, indem sie 1612 mit dem hiesigen Fante Fürsten den Vertrag von Asebu schlossen. Zu dieser Zeit wurde auch das Fort Nassau gebaut. Die Backsteine wurden hauptsächlich aus den Niederlanden hierher transportiert. Heute liegt das Fort weitestgehend in Ruinen, aber der Blick voM Hügel aus, auf dem die Festung einst über die Stadt wachte, ist einen Abstecher wert.

Anomabu

Zwischen Mankessim und Cape Coast liegt Anomabu, eines der ältesten Handelszentren der Fante. Hier steht das **Fort William**, das seit 2007 für Besucher geöffnet ist. Es wurde in den 1750er Jahren von den Briten errichtet und trug damals den Namen Annamaboe Fort. Die Festung ist hauptsächlich aus in der Region von Sklaven gebrannten Ziegelsteinen und Zement gebaut worden. Sie gilt als die stabilste Festung an der Küste Ghanas und hat dies unter Beweis gestellt, als sie 1794 und 1801 Bombardierungen durch die Franzosen Stand hielt. Im Innern kann man sechs Verliese besichtigen, von denen drei für männliche und drei für weibliche Gefangene vorgesehen waren. Schätzungen zufolge sind mehr als 280.000 Sklaven in diesen **Kerkern** gefangen gehalten und weiter verkauft worden. Die meisten von ihnen wurden auf die karibische Insel Barbados verschifft. Auch hier kostet der Eintritt knapp zwei Euro. Eine **kurze geführte Tour** ist inklusive. Der Besuch lohnt sich wirklich, weil noch recht viel von der Festung erhalten ist und die Guides wissen, wovon sie sprechen.

In **Anomabu** steht auch einer der imposantesten **Posuban Schreine** der Region. Er wurde von der Asafo-Vereinigung Nr 3 erbaut und beherbergt zahlreiche Skulpturen, meist Tiergestalten. Weitere sehenswerte Schreine sind zum Beispiel ein Posuban, der in Form eines **europäischen Dampfschiffes** erbaut wurde. Ein anderer Schrein ist mit **surrealen Kreaturen** und eindrucksvollen Leoparden verziert. Ein weiterer zeichnet sich durch eine 200 Jahre alte **Schildkrötenskulptur** aus.

Eine andere Sehenswürdigkeit in Anomabu ist der **Heldenpark** gegenüber dem Fort William. Hier sind in einem grünen Park drei der berühmtesten Söhne der Stadt beerdigt: George Ekem Ferguson (Geograf und Linguist), Nana Amonu Katamanto IV (ein wichtiges Gründungsmitglied der Fante Konföderation) und **Dr. James Kwegyir Aggrey**. Agrey war ein Theologe und Politiker, der viel für die Bildung der Frauen in Ghana und ganz Afrika getan hat. Ihm wird folgendes

Zitat zugeschrieben: „Der sicherste Weg, eine Gesellschaft am Boden zu halten, ist die Männer auszubilden und die Frauen zu vernachlässigen. Wenn Du einem Mann Bildung zuteil werden lässt, bildest Du ein Individuum. Wenn Du einer Frau Bildung zuteil werden lässt, bildest Du eine ganze Familie.“

Cape Coast

Cape Coast liegt etwa 150 Kilometer westlich von Accra. Der hübsche **Fischerhafen** von Cape Coast befindet sich am Ostufer der **Fosu Lagune** und blickt auf eine lange und bewegte Geschichte zurück. Hier haben schon Siedler aus Dänemark, Portugal, den Niederlanden und England Handel getrieben, ganz zu schweigen von den verschiedenen einheimischen Stämmen, die in der Region beheimatet waren und sind. Es finden sich architektonische Überbleibsel der verschiedenen historischen Perioden in Cape Coast. Vor allem die Festung von Cape Coast ist ein bemerkenswertes Bauwerk und Wahrzeichen der Stadt. Mit ihren 215.000 Einwohnern ist Cape Coast aber heute auch eine sehr moderne Stadt. Die **Universität** hat einen sehr guten Ruf und etwa 15% der Einwohner der Stadt sind entweder Studenten oder Beschäftigte der Uni.

Die Hauptattraktion in Cape Coast ist das Cape Coast Castle. Diese Festung ist von der **UNESCO als Weltkulturerbe** eingestuft und ist auch ein Denkmal für den **Sklavenhandel** an der Goldküste. Tausende von Sklaven wurden während der Kolonialzeit hier gefangen gehalten, nachdem sie von den Ashanti an die

Briten im Tausch gegen Alkohol oder Waffen verkauft worden waren. Sie wurden meist nach Nordamerika und in die Karibik verschifft, wo sie einem Leben
in Zwangsarbeit entgegen sahen.

Cape Coast Castle

Die Festung liegt, wie die meisten Festungen an der
Goldküste, unmittelbar am Meer. Heute ist diese
Welterbestätte ein **Museum**, das täglich von 9:00 Uhr
bis 16:30 Uhr geöffnet hat. Der Eintritt kostet etwa
fünf Euro. Die Fotoerlaubnis kostet zusätzliche 8 Euro.
Im Innern der imposanten Mauern gibt es Ausstellun-
gen zum Thema Sklavenhandel. Man kann die Verliese besichtigen und dort noch die Spuren sehen, die die
Gefangenen an den Wänden ihrer kargen Zellen hinterlassen haben.
Die Festung selbst wurde 1653 von den Schweden als
Fort Carolusborg aus Holz errichtet und 1665 von

den Briten erweitert und zu dem stabilen Bauwerk gemacht, das einigen Angriffen trotzte und bis heute dem Wind standhält. Die **Verliese** wurden erst 1680 erbaut. Zwischen 1769 und 1790 wurden umfangreiche Erweiterungsarbeiten durchgeführt. Seither hat das Cape Coast Castle die Form eines Fünfecks.

Rund um die Stadt gibt es mehrere kleinere Festungen auf den Hügeln, die Cape Coast umgeben. Das Fort William und das Fort Victoria stammen beide aus dem 19. Jahrhundert. Die **Altstadt von Cape Coast** ist ebenfalls einen Abstecher wert, auch wenn es hier nur wenige architektonische Attraktionen gibt. Das älteste Gebäude der Innenstadt ist das ehemalige **Haus des Gouverneurs**, das sich gegenüber der Methodistenkirche befindet. Fest steht, dass Gouverneur Jackson 1850 hier gelebt hat. Es kann jedoch davon ausgegangen werden, dass auch schon John Hope-Smith, der vor Jackson Gouverneur war, hier wohnte. Das Gebäude ist fachgerecht renoviert worden und beherbergt heute die Touristeninformation.

Das vielleicht am besten erhaltene Gebäude in Cape Coast ist das ehemalige **Konvent St Mary**. In den 1850er Jahren wurde das Gebäude von einem Prinzen der Ashanti errichtet und nach 1890 von einem Nonnenorden übernommen. Seit 1975 sind die Nonnen ausgezogen und der Bau wurde nur noch sporadisch genutzt.

Es gibt mehrere **Posuban Schreine** in Cape Coast, aber keiner von ihnen ist besonders eindrucksvoll. Ein wenig aus der Masse heraus sticht ein kleiner Schrein mit einer Krabbenskulptur. Diese Krabbe thront auf einem Verkehrskreisel und ist eine Art Maskottchen der Stadt.

Die Stadt **Cape Coast gilt als recht sicher**. Allerdings gab es in den letzten Jahren speziell in der kleinen Felsenlandschaft hinter der Festung mehrere Raubüberfälle auch am helllichten Tag. Diesen Ort sollte man also als Tourist vermeiden. Er ist ohnehin nicht angenehm, denn die Felsen hier werden als öffentliche Toilette genutzt. Rund um die Festung begegnet man hin und wieder Menschen, die sich als Guide ausgeben, angebliche Wohltätigkeitsvereine unterstützen oder einfach nur Geld verlangen. In der Regel merkt man recht schnell, worauf die Gauner aus sind und man kann sich immer an das tatsächliche Personal der Festung wenden.

Cape Coast Castle

In Cape Coast stehen verschiedene Unterkünfte zur Verfügung, jedoch gibt es kaum Hotels in der gehobenen Preisklasse. Hier sind eher kleine Gästehäuser zu finden wie das Fairhill Guesthouse mit 8 Zimmern, in denen Klimaanlage und Kühlschrank vorhanden sind. Die Übernachtung kostet um die 35 Euro pro Nacht. Im Kokodo Guesthouse kommt man für 40 Euro pro Nacht in recht geräumigen Zimmern mit Klimaanlage und Fernseher unter. Das Restaurant des Kokodo Guesthouse ist empfehlenswert und die Tische stehen in einem hübschen Garten.

Die Sanaa Lodge ist etwas größer und verfügt über 29 Zimmer mit Klimaanlage, Balkon und Satellitenfernseher. Die Zimmer kosten hier ab 50 Euro pro Nacht.

Deutlich günstiger sind das Nana Bema Hotel, das Sarah Lotte Guesthouse und das Fespa Hotel. In diesen kleineren Etablissements kann man bereits für um die 20 Euro übernachten, muss jedoch ein wenig auf Komfort verzichten.

Kakum Nationalpark

Der **Kakum Nationalpark** ist 375 Quadratkilometer groß und wurde zum Schutze eines der letzten Urwälder in Ghana eingerichtet. In dem Schutzgebiet haben nicht nur zahlreiche Tier- und Pflanzenarten einen sicheren Lebensraum gefunden. Hier befindet sich auch eines der wichtigsten **Wasserreservoirs** des Landes, das unter anderem auch Cape Coast und die umliegenden Siedlungen mit Trinkwasser versorgt.

Man erreicht den Park in weniger als einer Stunde von Cape Coast aus und er gehört zu den beliebtesten Tierschutzgebieten im Land. Eine besondere Attraktion ist der **Baumwipfelpfad**, der auf 40 Metern Höhe durch die Kronen der Urwaldriesen führt.

Seit 1931 ist das Gebiet ein ausgewiesenes Schutzgebiet und seit 1992 schließlich ein Nationalpark. Die vorherrschende Vegetation ist ein tropischer **immergrüner Regenwald**. Die Region zeichnet sich durch besonders hohe Niederschläge aus, die verstärkt zwischen Mai und Dezember fallen. Die Luftfeuchtigkeit im Regenwald liegt fast ganzjährig bei 90%.

In diesem Wald wachsen teilweise mehr als 200 endemische Pflanzenarten auf einem Hektar, was ein ausgesprochen hoher Wert ist. Die ältesten und höchsten Bäume reichen bis in Höhen von 70 Metern. 650 **Schmetterlingsarten** leben im Regenwald von Kakum und es wurden mindestens 320 Vogelarten gesichtet, unter anderem auch sehr seltene Arten.

Der Park ist täglich von 8:30 Uhr bis 15:30 Uhr geöffnet und der Eintritt kostet weniger als 50 Cent. Wer jedoch den **Spaziergang in den Baumwipfeln** unternehmen möchte, der muss dafür etwa 18 Euro zahlen. Das lohnt sich jedoch, weil man den Wald aus einer ganz anderen Perspektive und hautnah erleben kann. Der Baumwipfelpfad ist mit Seilen und Tauen gesichert und führt 350 Meter weit durch die Kronen der Urwaldriesen auf 40 Metern Höhe. Man sollte also schwindelfrei sein. Man sieht zwar bis auf Schmetterlinge und Vögel kaum Tiere, aber trotzdem ist der Spaziergang in der Höhe ein Erlebnis, das es so nicht überall gibt.

Es werden auch geführte Touren durch den Regenwald angeboten. Diese kosten um die 10 Euro. Wer eine Tour am frühen Morgen (also vor 8:30 Uhr) unternehmen möchte, muss diese im Voraus buchen.

An den Wochenenden kann im Kakum Nationalpark sehr viel Betrieb herrschen, weil auch die Einheimischen das Schutzgebiet für Tagesausflüge nutzen.

Obwohl ein Tag den meisten Besuchern ausreicht und man bequem von Elmina oder Cape Coast hierher gelangt, gibt es in der Nähe des Kakum Nationalparks auch die Möglichkeit zu übernachten. Die Rainforest Lodge hat 17 Zimmer und befindet sich 12 Kilometer vom Parkeingang entfernt. Von den Zimmern, die man für etwa 80 Euro mieten kann, ist jedoch kein Wald in Sicht. Man kann sich also ebenso gut für eine günstigere Unterkunft an der Küste entscheiden.

Natur im Kakum Nationalpark

Nur zwei Kilometer vom Eingang zum Kakum Nationalpark entfernt befindet sich ein kleiner Affenpark. Er ist als „**Monkey Forest Sanctuary**" ausgeschildert und ist jeden Tag von 8:00 Uhr bis 15:30 Uhr geöffnet. Der Eintritt in den kleinen Park kostet etwa 5 Euro. Leider sind die Tiere, die man hier antrifft, fast alle in einem schlechten Gesundheitszustand. Es handelt sich um einige Affen, Civet-Katzen und Ginsterkatzen. Sie wurden als Waisen hier aufgenommen und sollen wieder aufgepäppelt werden.

Ebenfalls wenige Kilometer vom Eingang des Kakum Nationalparks entfernt findet man die „First and Trust Ostrich Farm". Sie kann von 7:00 bis 18:00 Uhr besichtigt werden. Hier leben sieben Strauße, die einst aus Simbabwe hierher gebracht wurden. Die Farm ist zwar reichlich unspektakulär, aber eine der wenigen Gelegenheiten, Strauße in Ghana zu sehen. Die Tiere sind zudem recht zutraulich und lassen sich von Besuchern füttern. Man kann die Tiere hier also wirklich aus der Nähe bewundern.

Wassa Domama Felsenschrein

Der Wassa Domama Felsenschrein liegt 28 Kilometer westlich von Kakum. Es handelt sich um eine natürliche Höhle, die etwa so hoch wie ein dreigeschossiges Gebäude ist. Rund um den Schrein, der der höchsten lokalen Gottheit Bosom Kese geweiht ist, wurde ein kleines Ökotourismusprojekt auf Gemeindeebene ins Leben gerufen. Es werden geführte Touren in und um den Schrein sowie Kanutouren auf einem nahe gelegenen See angeboten.

Assin Manso

Assin Manso ist ein Dorf, das sich etwa eine Stunde von Cape Coast an der damaligen Sklavenstraße und am Ufer des Ndonkor Nsuo, dem **Sklavenfluss,** befindet. Hier wurden die Sklaven, die von Norden nach Cape Coast transportiert wurden, im Fluss gewaschen und auf ihre Fitness überprüft.

Ein kleiner **Gedenkplatz** ist hier eingerichtet worden. Symbolisch wurden 1998 die Körper von zwei Sklaven aus den USA und Jamaika hierher zurücküberführt und am Flussufer beerdigt. Besucher sind willkommen, sich die Gräber und eine Mauer, die als „**Wall of Return**" bezeichnet wird und als **Mahnmal** dient, anzusehen. Seit 2004 gibt es auch ein kleines Besucherzentrum, in dem einige der Geschichten aus dem Museum des Cape Coast Castle weitergesponnen werden. Die Gedenkstätte ist von Montag bis Samstag von 8:00 bis 17:00 Uhr geöffnet.

Elmina

Die Stadt **Elmina** liegt zwischen der Benya Lagune und dem Meer. Eigentlich hat Elmina historisch gesehen ebenso viele Sehenswürdigkeiten wie Cape Coast, wird von Touristen aber deutlich weniger beachtet. Die Geschichte von Elmina begann vor etwa 700 Jahren als kleines Fischerdorf, in dem die Salzproduktion eine wirtschaftliche Rolle spielte. Während der Kolonialzeit war der **Hafen von Elmina** einer der großen Umschlagplätze für den Export von Gold, aber heute ist die Stadt nur noch ein etwas größeres Fischerdorf.

Elminas Charme liegt in der Mischung aus europäischer Architektur und den eher einfachen Strukturen eines afrikanischen Dorfes.

Die bekannteste Sehenswürdigkeit in Elmina ist das **St George Fort**, das hier St George Castle genannt wird. Die Festung liegt auf der Spitze einer Landzunge zwischen Lagune und Ozean. Sie stammt aus dem Jahr 1482 und ist damit das älteste Gebäude der Kolonialzeit südlich der Sahara. Das Fort wurde mehrmals verändert und erweitert und ist heute mindestens zehnmal größer als im 15. Jahrhundert. Es steht unter Denkmalschutz und ist als Museum für Besucher zugänglich.

Ursprünglich befand sich die Altstadt von Elmina unmittelbar östlich der Festung auf der Landzunge, bis sie bei einer Bombardierung durch die Briten vollständig niederbrannte. Heute befinden sich an ihrer Stelle der Fischerhafen und der Fischmarkt. Am Morgen kann man hier die bunten kleinen Piroggen in den Hafen hinein schwimmen sehen und miterleben, wie die Fischer ihre frische Ware verkaufen. Es wird ein kleines Eintrittsgeld von weniger als 50 Cent verlangt, um den zentralen Bereich des Marktes zu besuchen. Manchmal fordern die Verkäufer der Eintrittskarten eine zusätzliche Gebühr fürs Fotografieren.

Das moderne Stadtzentrum Elminas liegt nördlich des St George Castle entlang der Liverpool Street. Hier lebten im 19. Jahrhundert die wohlhabenderen Bewohner der Stadt. Einige der ehemaligen Herrenhäuser sind renoviert andere verfallen. Östlich der Liverpool Street liegt das St Jago Fort auf dem St Jago Hügel. Es wurde im 17. Jahrhundert von den Niederländern erbaut, um das portugiesische Fort St George zu erobern. Der niederländische Name Coenraadsburg wurde nie offiziell abgelegt, wird aber nicht gebraucht.

In Elmina gibt es mehrere **Posuban Schreine**, die jedoch nicht so eindrucksvoll sind wie die in Anomabu. Drei der schönsten befinden sich in der Benya Road. Einer von ihnen wurde von der **Asafo** Vereinigung Nr 5 erbaut und hat zwei Geschosse. Das Erdgeschoss ist mit lebensgroßen Figuren verziert und auf dem ersten Stock befindet sich ein Schiff mit drei Offizieren, die in die Außenwand gehauen sind. Der Schrein der Asafo Vereinigung Nr 2 besteht aus mehreren Figuren und einem in blau gekleideten Mann, der von zwei Flugzeugen flankiert wird. Der imposanteste Schrein in Elmina wurde jedoch von der Asafo Vereinigung Nr 4 errichtet. Er befindet sich an der Ecke Dutch und Cemetery Street. Hier sind Adam und Eva und ihre Geschichte zu erkennen. Man kann die Schreine fotografieren, ohne dass eine Gebühr verlangt wird.

Der **niederländische Friedhof** ist ebenfalls einen Abstecher wert. Er wurde 1802 eingeweiht und befindet sich in einem sehr guten Zustand. Viele der kunstvollen Grabsteine, die teils aus Marmor sind, werden liebevoll gepflegt. Das Friedhofsgelände ist üblicherweise verschlossen, aber wer herum fragt, der findet eigentlich immer jemanden, der für ein kleines Trinkgeld die Tore öffnet und einen Besuch ermöglicht.

Auf einem Hügel neben dem Friedhof stehen mehrere Gebäude, die zur ehemaligen niederländischen Mission gehören. Das schönste Gebäude ist die Kathedrale aus dem Jahr 1880. Der Blick auf die Umgebung und die Lagune ist von hier aus sehr schön.

Das **Elmina Java Museum** ist eine private Sammlung, die sich mit der Geschichte der Zwarte Hollanders oder der Schwarzen Holländer beschäftigt. So wurden etwa 3000 Männer aus Ghana genannt, die im 19. Jahrhundert für die niederländische Armee rekrutiert wurden und in Indien kämpften. Ein kleiner Teil der Ausstellung befasst sich mit der Stadt Elmina und ihren Bewohnern. Das Museum ist von Montag bis Freitag von 9:00 bis 18 Uhr, samstags von 10:00 bis 18:00 Uhr und sonntags von 12:00 bis 18:00 Uhr geöffnet.

Anders als Cape Coast hat Elmina deutlich weniger Auswahl an Unterkünften. Die meisten sind eher einfach ausgestattet. Zu den besseren und teureren Hotels gehören das Coconut Grove Beach Resort mit 58 Zimmern und das Elmina Bay Resort. Beide befinden sich an einem schönen Sandstrand westlich von Elmina. Die beiden Strandresorts bieten Zimmer und Suites mit WFI und Klimaanlage ab 90 Euro pro Nacht. Das Coconut Grove Beach Resort hat sogar einen Golfplatz mit 18 Löchern und zahlreiche Wassersportangebote.
Im Coconut Grove Bridge House kann man in einem der 10 Zimmer mit Klimaanlage und Fernseher für etwa 55 Euro unterkommen. Das Coconut Grove Village Hotel hat 20 Zimmer, ist an das exklusivere Coconut Grove Beach Resort angegliedert und bietet Zimmer ab 30 Euro, die weniger komfortabel eingerichtet sind, aber am selben schönen Strand liegen. Das One Africa Guesthouse verfügt über 10 einfache Zimmer, ein recht gutes Restaurant und einen kleinen Wellnessbereich. Hier kann man bei sehr freundlichen

Menschen für etwa 30 Euro im Doppelzimmer übernachten.

Brenu Akynim

Das Dorf **Brenu Akyinim** ist bekannt für seinen
schönen Strand. Die beiden Hotels Brenu Beach Resort und Brenu Paradise Beach Resort liegen etwa 15
Kilometer von Elmina entfernt und sind sowohl bei
Touristen wie auch bei den Einheimischen beliebt.
Der Strand besteht aus hellem Sand und ist ein schöner Ort zum **Sonnenbaden und Entspannen**.
Schwimmen ist nicht unbedingt ratsam, denn wie bei
den meisten Stränden an Ghanas Küste sind auch hier
starke Strömungen die Regel.

Takoradi

Takoradi liegt etwa auf halber Strecke zwischen Accra und der Grenze zur Elfenbeinküste am Meer.
Takoradi formt mit ihrer Schwesterstadt Sekondi die
viertgrößte Agglomeration in Ghana. Insgesamt
400.000 Menschen leben hier. Sekondi liegt etwa 10
Kilometer westlich von Takoradi ebenfalls an der
Küste. In **Takoradi** gibt es mehr Industrie als in Sekondi, die sich unter anderem auf die Ölförderung vor
der Küste stützt. Die Mehrzahl der Besucher von
Takoradi sind **Geschäftsleute**. Touristen verirren sich
hierher meist nur, um weiter nach Westen zu den
Stränden zu gelangen.

Im Zentrum gibt es einige Einkaufsmöglichkeiten, Bars und Restaurants sowie eine internationale Klinik mit einer 24 Stunden Ambulanz.

Sehenswürdigkeiten hat Takoradi nur wenige. Der **Affenberg** (Monkey Hill) ist zwar kein offizielles **Schutzgebiet**, aber hier leben mehr als 100 verschiedene kleinere Affen. Der kleine Park kann kostenlos besichtigt werden. Die Affen sind am frühen Morgen oder am Abend am aktivsten.

In **Sekondi** steht das **Orange Fort**, das bis heute als Leuchtturm dient. Die Bediensteten führen Besucher gerne herum. Interessant sind auch der koloniale Bahnhof und Fischerhafen sind ebenfalls einen kurzen Abstecher wert.

Die Hotels in der Wirtschaftsmetropole Takoradi sind auf die Geschäftsleute und deren Belange spezialisiert. Tatsächlich hat Takoradi die höchste Konzentration an Hotels in ganz Ghana. Es gibt zwei luxuriöse Hotels. Die Planters Lodge liegt neben einem Golfplatz und in einem hübsch angelegten Garten. Einst wurde dieses Hotel als Offiziersmesse für die britische Armee gebaut. Heute kann man in den eleganten Zimmern für etwa 180 Euro pro Nacht unterkommen. Auch das Best Western Atlantic Hotel bietet noble Zimmer, Wellnessbereich, drei Restaurants und einen Pool. Im Africa Beach Hotel, im Hillcrest Hotel oder im Valley Beach Hotel kosten die Zimmer etwa 80 Euro. Angenehm und nicht überteuert ist das Animens Hotel, das Zimmer mit Klimaanlage für etwa 35 Euro anbietet. Das Restaurant des Animens Hotels serviert gute internationale und lokale Gerichte.

Shama

Die kleine **Küstenstadt Shama** liegt 25 Kilometer östlich von Takoradi. Sie bietet sich für einen Tagesausflug an. Das Fort St Sebastian ist wohl die Hauptattraktion von Shama. Es ist das drittälteste Fort in Ghana und thront oberhalb des Stadtzentrums bereits seit 1523. Das einst von den Portugiesen errichtete Fort kann man täglich von 8:00 bis 18:00 Uhr besichtigen. Der Eintritt kostet inklusive einer kleinen geführten Tour weniger als einen Euro.

Die alte **Methodistenkirche** in Shama ist ebenfalls gut erhalten. Sie wurde 1893 erbaut. Ganz in der Nähe ist der Fischmarkt, der vor allem am Morgen ein lebendiger Platz ist.

Tarkwa

Etwa 50 Kilometer nordwestlich von Takoradi liegt mitten im Wald die Stadt Tarkwa, die für ihre Gold- und Manganminen bekannt ist. Die meisten Besucher sind Geschäftsleute, die mit den Minen in Verbindung stehen. Weil es in Tarkwa nur sehr wenige koloniale Gebäude gibt und die Umgebung von dichtem Wald bestimmt ist, kommen nur wenige Touristen hierher. Es gibt aber einen kleinen See etwa eine dreiviertel Stunde zu Fuß vom Stadtzentrum entfernt, wo vor allem einheimische Touristen gerne baden und an der kleinen Bar am Ufer entspannen.

Komeda

Wo der Komeda Fluss in den Ozean mündet, liegt die kleine Stadt Komeda. Dieser strategisch wichtige Punkt war in der Kolonialzeit umkämpft. Dies ist noch heute daran zu erkennen, dass auf beiden Seiten der Flussmündung je eine **Festung** britischer und niederländischer Herkunft stehen. Beide stammen aus dem späten 17. Jahrhundert. Die Ruinen des englischen Forts kann man noch sehr gut erkennen. In der Nähe findet täglich auch der Fischmarkt statt.

Busua

Busua ist nur 20 Kilometer Luftlinie von Takoradi entfernt. Dieses **Fischerdorf** hat um die 5000 Einwohner und ist die Hauptstadt des historischen Ahanta Königreichs. Heute ist Busua eine beliebte Destination bei Backpacker-Touristen und macht Kokrobite Konkurrenz. Mit seiner Lage zwischen der Busua Lagune und dem Meer bietet Busua wohl die sichersten **Badestrände** in Ghana. Trotzdem gibt es auch hier regelmäßig unberechenbare Strömungen an der Küste, die Schwimmern gefährlich werden können. Seit den 1960ern zieht Busua Gäste mit kleinem Reisebudget an; neuerdings werden aber auch wohlhabendere Urlauber angesprochen. Zudem hat Busua das einzige Surfer-Zentrum Ghanas, was wiederum eine andere Kundschaft anzieht.
Der bekannteste **König der Ahanta** war König Otumfuo Badu Bonsu II. Er war 1837 / 1838 der Anführer einer Rebellion gegen die niederländischen Besatzer. Er brachte eine große niederländische Lieferung von

Schießpulver in seinen Besitz und erschoss zwei Personen, die zum Verhandeln zu ihm geschickt wurden. Die Köpfe der beiden Vertreter der Niederländer wurden abgetrennt und im Königspalast als Zierde am Thron des Herrschers befestigt. Die Holländer sandten einen Vergeltungstrupp, aber es wurden 45 Männer von den Ahanta umgebracht, unter anderem auch der niederländische Gouverneur. Im Juli 1838 sandte Holland einen stärkeren Trupp unter der Leitung von General Jan Vermeer. Es gelang ihnen, den König gefangen zu nehmen, ihn vor ein Gericht zu stellen und zum Tode zu verurteilen. Seine Versuche, die Richter mit großen Mengen an Gold zu bestechen, blieben erfolglos.

König Otumfuo Badu Bonsu II. wurde also am nächsten Tag erhängt und zwar symbolisch an demselben Ort, an dem die beiden Diplomaten im Jahr zuvor erschossen worden waren. Sein Kopf wurde abgetrennt und in einem Krug in Formaldehyd eingelegt. Der haltbar gemachte Kopf wurde zur Universität in Leiden geschickt, wo er von umstrittenen Wissenschaftlern in Empfang genommen wurde. Diese waren gerade dabei, eine Studie zu erstellen, in der ein möglicher Zusammenhang zwischen Schädelform und Charakter untersucht wurde.

Der Kopf verschwand und wurde erst 2002 von einem Mitarbeiter der Universität in einem der Schränke der Uni wiederentdeckt. 2005 wurde die Entdeckung publik. Nach vierjährigen Verhandlungen flog eine Abordnung von König Otumfuo Badu Bonsu XV. nach Den Haag, um den Kopf in Empfang zu nehmen. Endlich konnte der einstige König in Ghana beerdigt werden.

Unterkünfte in Busua sind wie erwähnt meist auf die Belange von Backpackern ausgerichtet. Die Dadson's Lodge, das Sabrina's Guesthouse und das Alaska Beach Resort bieten einfache Zimmer in Strandnähe für weniger als 20 Euro pro Nacht an. Das Kangaroo Pouch Beach Resort wird von einem ghanaischen Paar geführt, das eine Weile in Australien gelebt hat. Hier kosten die sauberen und hübschen Zimmer um die 25 Euro. Zu den neueren und luxuriösen Hotels gehört das Busua Beach Resort, das 62 elegante Zimmer mit WIFI, einem Mini-Golfplatz mit drei Löchern und einem Tennisplatz hat. Hier kostet die Übernachtung zwischen 130 und 190 Euro, je nach Zimmergröße.

Unweit von Busua in der Bucht befindet sich die **Nunu Busua Insel**. Es gibt zwar nicht viel zu sehen auf der kleinen verwaisten Insel, aber manche Besucher kommen mit dem Boot hierher um zu campen und die **Natur und die Stille** zu genießen. Auch rund um die Insel wird wegen der gefährlichen Strömungen davon abgeraten, weiter als ein paar Meter ins Wasser hinaus zu schwimmen.

Dixcove

Nur einen zwanzigminütigen Spaziergang von Busua entfernt liegt das Dorf **Dixcove** mit seinen heruntergekommenen Kolonialgebäuden. Hier ist die Geschichte noch hautnah spürbar. Im 16. Jahrhundert erlaubte der damalige König der Ahanta einer Gruppe von Flüchtlingen vom Stamm der Fante, sich hier niederzulassen. Als Gegenleistung verlangte er die schönste der Fante Frauen und heiratete sie.

Der Führer dieser Fante Siedler hieß Nana Dekyi und er erlaubte schließlich den Briten, in den 1690er Jahren eine **Festung** zu bauen. Dieses Fort wechselte von allen Forts in Ghana am häufigsten den Besitzer. Genauso oft änderte die Festung auch ihren Namen. Der niederländische Name **Fort Metalen Kruiz** wurde ins Englische übersetzt und ist bis heute in Gebrauch: Fort Metal Cross. 2006 erlaubte der damalige Chief einem englischen Geschäftsmann, das Fort in ein teures Hotel umzuwandeln. Seit der Chief jedoch verstorben ist, wurde die Genehmigung zwar nicht widerrufen, aber in einen Wartestatus versetzt. Seither ist das Fort nur ein halbfertiges Hotel. Von außen kann die weiße Festung, die unter dem Schutz der UNESCO steht, jedoch besichtigt werden.

Butre

Das kleine **Fischerdorf Butre** liegt drei Kilometer östlich von Busua in einer kleinen windgeschützten Bucht an einem breiten **Sandstrand**. Hier liegen entlang der Mündung des Butre Flusses mehrere schöne Strandhotels. Obwohl es sich nur um ein kleines Dorf handelt, ist es doch das Zentrum des zweitgrößten Ahanta-Reiches, nach Busua. Hier haben 1656 vier der höchsten Ahanta-Könige den Vertrag von Butre mit den Holländern geschlossen. Dieser Vertrag sah ein niederländisches Protektorat in der Region vor.
Die Hauptattraktion von Butre ist Fort Batenstein, das auf einem Hügel steht. Es wurde 1656 von den Holländern erbaut, war zwischen 1818 und 1829 verlassen und wurde 1972 von den Briten übernommen. Aber auch die neuen Herren haben die Festung nach

wenigen Jahren wieder aufgegeben. Daher ist sie heute großenteils eine Ruine. Es gibt einen Pfad vom Dorf aus auf den Hügel und die **Ruine** kann besichtigt werden, allerdings erst nachdem man sich im Touristeninformationszentrum gegenüber der Trotrostation im Dorfzentrum registriert und etwa 2 Euro bezahlt hat. Im Touristeninformationszentrum werden unter anderem auch Ausflüge mit dem Kanu auf dem Butre Fluss angeboten. Hier kann man für etwa 7 Euro ein paar schöne Stunden in der Natur verbringen und Vögel und Krokodile beobachten.

In Butre gibt es nur wenige Unterkünfte. Im Fanta's Folly, das einem französisch-nigerianischen Paar gehört, kann man für etwa 20-40 Euro pro Nacht in kleinen strohgedeckten Chalets übernachten. Im Restaurant gibt es eine leckere Mischung aus französischen, afrikanischen und italienischen Gerichten.
Die Hideout Lodge hat Schlafsäle, Doppelzimmer und Familiensuiten, wobei die teuersten Zimmer um die 50 Euro pro Nacht kosten. Im gemütlichen Restaurant am Strand werden für 3-8 Euro Pasta und Meeresfrüchte serviert.

Akwidaa

Die Küste unmittelbar westlich von Dixcove ist wohl landschaftlich einer der schönsten Küstenabschnitte Ghanas. Besonders schön ist der südlichste Punkt Ghanas, der als **Cape Three Point** bekannt ist. Hier steht ein alter **Leuchtturm**. Genauer gesagt gibt es zwei Leuchttürme, einer aus dem 19. Jahrhundert, der nur noch als Ruine zu erkennen ist, und einer aus dem

Jahr 1925, der noch in Betrieb ist. Falls der Leuchtturmwärter zugegen ist, führt er Touristen gerne für ein kleines Trinkgeld herum.

Der **Cape Three Point Wald** ist nicht weit entfernt. Bei diesem Wald handelt es sich um den einzigen verbleibenden Küstenwald in Ghana. In dem Waldgebiet leben noch verschiedene **Affenarten** und **Antilopen** sowie mehr als 160 Vogelarten. Vor ein paar Jahren noch wurde der Cape Three Point Wald als eines der am wenigsten beeinträchtigten Waldgebiete Ghanas eingestuft. Leider hat sich die Lage seither verschlechtert und der menschliche Einfluss durch Raubbau und Ackerbau wird immer größer. Man kann für etwa 6 Euro eine geführte **Wanderung** durch den Wald unternehmen. Sich alleine auf den Weg zu machen, wird nicht empfohlen, weil es sehr viele Pfade gibt und man sich leicht verläuft.

Das **Fischerdorf Akwidaa** besteht aus dem alten Akwidaa, das auf der Südostseite des **Ezile-Deltas** liegt, und dem neuen Akwidaa, das sich auf der Nordwestseite der Flussmündung befindet. Auf beiden Seiten der Flussmündung gibt es schöne palmengesäumte **Sandstrände**.

Die wichtigste Sehenswürdigkeit in Akwidaa ist die Tatsache, dass es sich um ein kleines tropisches Paradies mit schönem Strand handelt. Mit dem Kanu kann man Tagesausflüge in den Mangroven unternehmen und an der Mündung des Ezile Flusses Vögel und kleine Affen beobachten. Auch in Akwidaa gibt es eine Festung, das Fort Akodaa. Es handelt sich um einen dreieckigen Handelsposten, der im 17. Jahrhundert erbaut wurde und auf einer Landzunge liegt, die bei Flut zu einer Insel wird.

Die Safari Beach Lodge ist ein hübsches Resort mit kleinen Chalets direkt am Strand. Die Zimmer mit Fliegennetz kosten etwa 20-30 Euro pro Nacht. In der Green Turtle Lodge kann man für umgerechnet 6 Euro im Schlafsaal oder für 20 Euro im Doppelzimmer mit Gemeinschaftsbad unterkommen. Die Zimmer verfügen über Fliegennetze und das Restaurant ist zu empfehlen. Auch in dieser Ökolodge ist man direkt am Strand.

Prince's Town

Die Stadt **Prince's Town** liegt an der Mündung des Nyan Flusses ins Meer. Da sie mehr als 20 Kilometer von der Hauptverkehrsstraße entfernt liegt, ist hier der Tourismus so gut wie nicht entwickelt. Rund um das Zentrum mit der **Gross-Friedrichsburg** leben etwa 5000 Menschen. Die Festung wurde renoviert und in ein Gästehaus mit Bar umgewandelt. Sie sieht erstaunlich wenig nach einer Festung aus, eher wie ein Herrenhaus oder eine Gouverneursresidenz. Jedoch wurden in dieser einzigen verbleibenden deutschen Festung in Ghana etwa 300.000 Sklaven gefangen gehalten und von hier nach Amerika verschifft. Für etwa 2 Euro kann die kleine Anlage besichtigt werden.
Prince's Town ist jedoch auch abgesehen von der Festung nicht vollkommen uninteressant für Touristen, denn die Stadt bietet sich als Station für verschiedene Tagesausflüge in die Umgebung an. Die **Ehunli Lagune** ist durch eine Sandbank vom Meer getrennt und daher ein sicherer Ort zum Baden. An allen Tagen außer donnerstags können Touren mit dem Kanu auf der Lagune unternommen werden. Bootsfahrten an

Donnerstagen sind ein Tabu in der Gegend. Gebucht werden können die Ausflüge und die Kanus unter anderem beim Personal der Gross-Friedrichsburg.

Der **Strand von Miemia** ist ebenfalls als Badestrand bekannt. Hier, etwa vier Kilometer von Prince's Town entfernt, ist das Wasser meist ruhig. Man sollte sich jedoch immer vorher bei den Einheimischen erkundigen, ob die Bedingungen zum gefahrlosen Schwimmen gegeben sind. Am Miemia Strand befindet sich ein hübsches Hotel, die Kedas Lodge. Wer für etwa 45 Euro eines der 18 Zimmer mietet, kann kostenfrei Bootsausflüge machen und Kajaks leihen. Das Restaurant ist recht gut und auf Meeresfrüchte spezialisiert.

Agyambra liegt etwa sechs Kilometer von Prince's Town entfernt. Das kleine Dorf ist hauptsächlich für seine **heiligen Krokodile** bekannt. Der Krokodilpool wird ähnlich verwaltet wie der in Paga im Norden des Landes, allerdings ist er weniger bekannt. Als Besucher kann man den Eintrittspreis verhandeln. Er liegt üblicherweise zwischen fünf und acht Euro plus den Kosten für zwei Flaschen Cola und zwei Hühner. Der Fetischpriester füttert die Krokodile jedoch nur am Morgen, weshalb man sich früh auf den Weg machen sollte. Zu der Zeremonie werden die Tiere aus dem Wasser gelockt, was eine gute Möglichkeit für Fotos bietet.

Neben der bereits erwähnten Kedas Lodge gibt es in Prince's Town das Yellow Rose Resort, das jedoch nur fünf Zimmer hat. Hier wird man von einem deutschen Paar empfangen, das in dem kleinen Restaurant sehr authentische deutsche Gerichte anbietet. Die Zimmer kosten nur um die 15-20 Euro pro Nacht und sind sehr sauber.

Axim

Die größte Küstenstadt westlich von Takoradi ist **Axim** mit etwa 25.000 Einwohnern. Hier steht das **Fort Anthony**, das zweitälteste Gebäude an der Küste Ghanas. Das portugiesische Fort kann für etwa zwei Euro plus einen Euro fürs Fotografieren besichtigt werden. In der unmittelbaren Umgebung der Festung gibt es noch die Überreste von **ehemaligen Herrenhäusern** zu sehen und auf einer kleinen Insel steht ein Leuchtturm.

Neuerdings wurden in der Nähe von Axim das Ankobra Beach Resort, die Lou Moon Lodge und das Axim Beach Hotel gebaut, die alle drei vergleichsweise teure (ab 100 Euro) aber sehr gute Zimmer vermieten und Strandtouristen anlocken wollen. Wer Ruhe und Luxus wünscht und dafür auch zahlen möchte, der ist hier genau richtig.

Nkroful

In der kleinen Stadt Nkroful wurde **Ghanas erster Präsident Kwame Nkrumah** geboren. 1972 wurde er bald nach seinem Tod hier beerdigt und es gibt ein kleines **Mausoleum**. Natürlich ist das neuere Mausoleum in Accra, das später für ihn errichtet wurde und wo seine sterblichen Überreste heute zu finden sind, deutlich eindrucksvoller als die kleine Anlage in Nkroful. Die Einheimischen bieten geführte Touren durch die Straßen an, bei denen Besucher die renovierten Gebäude sehen können, in denen Nkrumah und seine Familie einst wohnten. Der kleine Flusslauf in der Nähe, in dem der spätere Präsident als Kind schwamm, wird als mysteriöser Ort angepriesen, der Nkrumah seine Macht schon damals verlieh.

Beyin

Das Dorf **Beyin** liegt etwa auf halbem Weg zwischen der Stadt Axim und der Grenze zur Elfenbeinküste. Das Dorf ist am Meer gelegen. Die meisten Touristen kommen hierher wegen der Nähe zu **Nzulezo**, dem **Dorf auf Stelzen**. Nzulezo liegt etwa fünf Kilometer im Landesinnern inmitten des **Feuchtgebietes Amansuri**. Diese sehr vogelreiche Naturlandschaft gehört zu Ghanas Highlights. Etwa 500 Menschen leben in Nzulezo, das im Jahr 2000 auf die Liste des UNESCO Welterbes gesetzt wurde. Im Grunde besteht das Dorf aus den Häusern von etwa einem Dutzend Familien, die über einen hölzernen Steg miteinander verbunden sind. In der Trockenzeit ist Nzulezo etwas enttäuschend, aber während der Regenzeit ist es ein faszinierender Platz, wenn das Wasser die Pfähle umspült, auf denen die Gebäude ruhen. Verschiedene Legenden besagen, dass die Bewohner von Nzulezo entweder Flüchtlinge aus Nigeria waren oder aus dem alten Walata Reich kamen. Fest steht, dass sie etwa seit 500 Jahren hier im Feuchtgebiet leben.

Eine weitere Attraktion in Beyin ist das gut erhaltene **Fort Apollonia**, das heute ein Museum ist. Zwischen 8:00 und 17:00 Uhr kann es für etwa 3 Euro besichtigt werden. Es war 1770 die letzte Festung, die von den Briten errichtet wurde. 1950 fand die erste Renovierung statt. 1970 entstand in den historischen Mauern ein Gästehaus, das jedoch 2002 schließen musste, als der Beschluss gefasst war, das Gemäuer in ein Museum zu verwandeln. In der Ausstellung geht es nicht nur um die Geschichte der Festung, sondern auch um die Menschen vom Stamm der Nzema und ihre Fischereimethoden.

Der Strand von Beyin wurde 2012 in der CNN Travel List zu einem von Afrikas 25 **schönsten Stränden** gewählt.

Obwohl verhältnismäßig viele Touristen nach Beyin kommen, gibt es nur wenige Unterkünfte. Das Beyin Beach Resort verfügt über 7 Zimmer in kleinen Chalets am Strand. Hier kann man für 20 Euro übernachten. Die Zimmer verfügen jedoch nicht über eigene Badezimmer. Im Tenack Beach Resort stehen 22 Zimmer für etwa 40 Euro zur Verfügung. Das unauffällige Gebäude beherbergt angenehme Räumlichkeiten mit Ventilator, Kühlschrank und Fliegennetz sowie ein gutes Restaurant. Das Cyprus Guesthouse ist wohl die günstige Alternative. Hier gibt es sechs Zimmer mit je einem Bad für zwei Unterkünfte. Die Übernachtung kostet weniger als 10 Euro.

Half Assini

Half Assini liegt am Ozean und nur fünf Kilometer von der Grenze zur Elfenbeinküste entfernt. Der Strand ist hier breit und bedeckt mit hellem Sand, der in zwei Lagunen übergeht. In einer der **Lagunen** soll eine böse Hexe leben, während die zweite eine gute Hexe beherbergt. Die beiden Hexen bekriegen sich ständig. Als 1913 ein britisches Handelsschiff vor der Küste unterging, wurde dies einem Sieg der bösen Hexe zugeschrieben. Bis auf den Strand und die schöne Landschaft rund um die Lagunen gibt es in Half Assini wenig touristisch Interessantes zu sehen.

Ankassa Schutzgebiet

Dieses **Schutzgebiet** liegt zwischen dem Ankassa Fluss und dem Nini Fluss. Es handelt sich um eine Landschaft mit besonders hoher Biodiversität, die über ein hohes Potential verfügt, jedoch noch kaum touristisch entwickelt ist. 509 Quadratkilometer immergrüner **Regenwald** sind hier unter Naturschutz gestellt. Mehr als **870 Pflanzenarten** sind bisher registriert worden und zudem leben etwa 70 Säugetierarten in dem Gebiet. Unter ihnen sind die seltenen Waldelefanten, die afrikanische **Goldkatze**, der Schwarzrückenducker und die Bongo Antilope. Auch alle zehn Waldprimatenarten, die es in Ghana noch gibt, leben im Ankassa Schutzgebiet, darunter auch Schimpansen, schwarzweiße Stummelaffen und Lowe Meerkatzen.
Vor einigen Jahren wurden im Rahmen eines EU Entwicklungsprojektes zwei kleine Camps im Park errichtet sowie ein Informationszentrum am Eingang eröffnet, wo Touristen geführte Wanderungen buchen können. Der Eintritt in den Park kostet etwa 5 Euro. Die Guides verlangen 2 Euro pro Gast und Stunde für die geführten Touren.

Ada Foah

Ada Foah liegt im äußersten Südosten Ghanas etwa einen Kilometer flussaufwärts vor der Mündung des

Volta ins Meer entfernt. **Ada Foah** ist die Hauptstadt der Provinz Dangme Ost und war bis in die 60er Jahre hinein eine wichtige Hafenstadt. Als dann der Akosombo Staudamm gebaut wurde und der Volta danach nicht mehr schiffbar war, wurde Ada Foah langsam zu einem Nest im Hinterland. Von der bewegten Vergangenheit der Stadt ist bis auf einige wenige Kolonialbauten wenig übrig geblieben. Es gibt noch eine Kirche aus dem Jahr 1918 und daneben einen alten europäischen Friedhof. Der Markt im Zentrum ist immer an Mittwochen und Samstagen einen Besuch wert, wenn besonders viel Treiben herrscht.

Die meisten Besucher erfreuen sich an den schönen Stränden und der angrenzenden **Songor Lagune**, die in einem Feuchtgebiet liegt und viele Vogelarten beheimatet. Es können Bootsausflüge unternommen werden, wobei in der Regel zwischen 20 und 30 Euro pro Stunde für ein Boot verlangt werden. Bis zu 20 Menschen finden auf einem solchen Boot Platz. Die Ausflüge gehen entweder zur nahe gelegenen **Affeninsel**, wo viele Meerkatzen leben oder zur Pediatorkope Insel, die auch als Krokodilinsel bekannt ist. Hier kann man tatsächlich regelmäßig Krokodile beobachten. Ein drittes Ziel wäre die Zuckerrohrinsel, auf der es eine Rum-Distillerie gibt. Hier kann man den Prozess der Rumherstellung kennenlernen und Rum verkosten.

Die Songor Lagune und das **Songor Feuchtgebiet** gehören zu den Ramsar klassifizierten Gebieten. Von März bis September brütet die Oliv-Bartardschildkröte auf den Sandbänken. Die Lederschildkröte kann zwischen November und Januar beobachtet werden. Touren zu den Brutstätten der Schildkröten können von den Mitarbeitern jeder Hotelrezeption in der

Umgebung organisiert werden. Diese Ausflüge starten erst spät am Abend, da die Schildkröten ihre Eier in der Regel zwischen 23:00 und 02:00 Uhr ablegen. Man sollte mit etwa 5 Euro pro Person rechnen. Natürlich ist es nicht garantiert, dass man das Glück hat, tatsächlich eine Schildkröte bei der Eiablage beobachten zu können. Wer die Lagune tagsüber besucht, der hat die Chance, an die 90 Vogelarten zu sehen.

Eine weitere Sehenswürdigkeit in Ada Foah ist die Zeremonie der **Asafotufiani**. Dieses **Festival** findet am ersten Donnerstag im August statt und erinnert an die kriegerischen Erfolge der Ada im 18. und 19. Jahrhundert. Während einer ganzen Woche dauern die Feierlichkeiten an, aber der Freitag und Samstag sind für Besucher die interessantesten Tage, weil dann farbenfrohe Prozessionen stattfinden.

Zu den besseren Hotels in Ada Foah gehört eindeutig das Tsarley Korpey Hotel mit 6 Zimmern, die über Klimaanlage und Fernseher verfügen. Das Hotel liegt im Flussufer südlich des Zentrums und die Zimmer kosten um die 100 Euro pro Nacht. Ebenso teuer sind die Zimmer im Peace Holiday Resort, das einen Swimmingpool und ein Restaurant mit guter Auswahl hat.

Günstiger ist der Midas New Estuary Beach Club, wo man für etwa 15 Euro pro Nacht in einem Zimmer mit Moskitonetz und Ventilator unterkommen kann. Im Ezime Guesthouse kostet eines der 5 Zimmer mit Klimaanlage etwa 30 Euro. Das Restaurant des Hauses ist recht gut. Mit 25 Gästezimmern ein größeres Hotel ist das Cocoloko Beach Camp. Es ist eine halbe Stunde zu Fuß vom Zentrum entfernt und bietet Doppelzimmer für etwa 20 Euro an. Das Restaurant serviert viele verschiedene internationale Gerichte.

Songakope

25 Kilometer nördlich von Ada Foah liegt Songakope am Ostufer des Volta. Da sich hier die südlichste der Brücken befindet, die über den Volta führen, herrscht in Songakope immer viel Verkehr und Betrieb. Fast alle Fahrzeuge, die von Accra in die Voltaregion wollen oder umgekehrt, nehmen die Brücke bei Songakope. Zudem hält die **Fähre**, die von **Ada Foah** zum nördlicheren **Akuse** fährt, in **Songakope** an. Viele Anwohner nutzen die Lage der Stadt aus und bieten überall am Straßenrand ihre Waren an. Vor allem die bemalten Keramiktöpfe sind überregional bekannt.

Avu Lagune

Die **Avu Lagune** liegt etwa 20 Kilometer von der Küste entfernt. Diese insgesamt 10 Kilometer lange Lagune ist die zweitgrößte des Landes und umfasst 1.280 Quadratkilometer. Das Gebiet wurde 1992 als Ramsar Feuchtgebiet eingestuft und ist ein Paradies für Vogelbeobachter. Unter anderem leben hier der bis zu 1,50m große Goliathreiher, das unverwechselbare Blaustirn-Blatthühnchen und mehrere Eisvogelarten. Neben den gefiederten Bewohnern ist die Lagune auch der Lebensraum für verschiedene Affenarten und die Sitatunga, eine Antilopenart, die gerne am und im Wasser lebt. Man war bereits davon ausgegangen, dass diese seltene Antilopenart ausgestorben ist, bis sie schließlich 1999 hier in der Avu Lagune wieder gesichtet wurde. 150 Quadratkilometer des Schutzgebietes sind speziell der Bewahrung der Sitatunga und ihres Lebensraumes gewidmet. Hier wurde am Rande des Schutzbereiches in der Ortschaft Tosukpo eine Beobachtungsplattform gebaut, von der aus Touristen gute Chancen haben, die seltenen Tiere zu sehen. Für den Ausflug zur Plattform werden etwa 4 Euro pro Person berechnet. Im Preis ist eine halbstündige Kanutour auf dem Wasser inbegriffen. Für einen kleinen Aufpreis werden auch längere **Kanutouren** angeboten, weil das Kanu die beste Möglichkeit bietet, die Sitatungas aus der Nähe zu sehen. In der Ortschaft Xavi werden von den Bewohnern geführte Wanderungen für Vogelbeobachter angeboten.

Wer längere Zeit an der Lagune verbringen möchte, kann entweder unmittelbar an der Lagune auf der Beobachtungsplattform zelten (für etwa 5 Euro extra) oder in Akati oder Songakope übernachten. In Akatsi gibt es das Magava Hotel und in Songakope steht die Holy Trinity Health Farm zur Verfügung. Das fünfstöckige Spa-Hotel hat geräumige Zimmer für etwa 75 Euro pro Nacht.

Keta

Keta und die Region zwischen dem Voltasee und der Grenze zu Togo im äußersten Osten des Landes gehören wohl zu den am wenigsten touristisch erschlossenen Gebieten in Ghana. Von den üblichen Touristenrouten liegt Keta mindestens eine Tagesreise entfernt. Keta ist die bedeutendste unter den vielen kleinen Städten dieses schmalen Landstreifens. Hier gibt es die **Keta Lagune**, die zwar deutlich kleiner als die **Avu Lagune**, aber ähnlich beschaffen ist. Vor allem Zugvögel leben hier in dem Feuchtgebiet und daher ist es besonders im Winter der Nordhalbkugel besonders bevölkert. Dann sind oft über 100.000 Vögel in der Keta Lagune. In dem Dorf Woe gibt es einen Beobachtungsturm, der eigens für Vogelbeobachter aufgestellt wurde. Generell wäre es wohl eine gute Idee, mit einem Boot oder Kanu auf die Lagune hinaus zu fahren, aber es ist nicht leicht, jemanden aufzutreiben, der sein Boot verleiht.

Früher war Keta ein entlegener Außenhandelsposten der Dänen, die hier das Fort Prinzenstein erbauten. Das Fort kann von 8:00 bis 17:00 Uhr täglich für etwa 2 Euro besichtigt werden. Erst kürzlich wurde die alte Festung aus dem Jahr 1784 als **Museum** eröffnet. Im Innern kann man die ehemaligen Sklavenzellen besichtigen und es gibt vereinzelte Artefakte und alte Chroniken, die Geschichten aus dem 18. und 19. Jahrhundert erzählen.

In Keta gibt es mehrere Unterkünfte. Die Lorneh Lodge wirkt ein wenig wie eine marokkanische Festung und bietet angenehme Zimmer mit Klimaanlage für etwa 40 Euro pro Nacht. Im Abutia Guesthouse oder im Keta Beach Hotel kann man jeweils Zimmer für weniger als 20 Euro bekommen. Beide Häuser verfügen auch über eigene Restaurants, die recht guten Service bieten.

Alfao

Alfao ist mit 66.000 Einwohnern die drittgrößte Stadt in der Voltaregion. Es handelt sich um eine typische und etwas **chaotische Grenzstadt**. Da die togolesische Hauptstadt Lomé direkt hinter der Grenze liegt, ist Alfao so etwas wie eine Vorstadt von Lomé. Durch die starken Verflechtungen zum Nachbarland hört man hier viele Menschen französisch sprechen und es werden überall Baguettes angeboten, was in Ghana sonst eher unüblich, in Togo jedoch sehr verbreitet ist. In Alfao gibt es bisher keinen Geldautomaten, daher sollte man auf der Durchreise genügend Bargeld dabei haben.

Akosombo

Rund um die Stadt **Akosombo** liegen etwa ein Dutzend Dörfer südlich des Voltasees am Westufer des Voltaflusses. Südlich von Akosombo befinden sich **Atimpoko und New Senchie.** Nördlich von Akosombo ist der Akosombo Damm gelegen, der den Volta staut und eine der Sehenswürdigkeiten der Gegend ist. Von Akosombo aus werden geführte Touren angeboten, während derer man das eindrucksvolle **Staubauwerk** besichtigen kann. Die Touren dauern etwa eine Stunde und dabei kann man sowohl das Dammbauwerk als auch das **Wasserkraftwerk** aus der Nähe sehen. Von 9:00 bis 15:00 Uhr gibt es stündlich solche Touren für etwa zwei Euro pro Person, die vor allem für Ingenieure und Technikbegeisterte interessant sind.
Vom **Hafen in Akosombo** aus fährt einmal in der Woche eine Fähre über den Voltasee nach Norden. Diese Fähre bietet die Möglichkeit zu einer wirklich abenteuerlichen Reise über den Voltasee nach Yeji. Sie verkehrt bereits seit den 60er Jahren und ist vorrangig ein Frachtschiff, aber sie nimmt auch immer Passagiere mit. Die Fahrt ist alles andere als komfortabel, wird aber von Abenteuerurlaubern hoch gelobt. Das Durchqueren des Sees mit der Fähre dauert plan-

mäßig 36 Stunden, aber nicht selten dauert die Fahrt 60 oder mehr Stunden. Es gibt erste Klasse Kabinen mit Klimaanlagen für etwa 30 Euro, während in der zweiten Klasse die Überfahrt weniger als 10 Euro kostet.

Die Landschaft am Westufer des Volta ist wegen der Nähe zum Wasser sehr grün. In dieser vegetationsreichen Umgebung gibt es einige sehr komfortable Hotels, unter anderem das Royal Senchi Resort in New Senchie am Ufer, das Afrikiko Riverfront Resort und das Volta Hotel in der Nähe von Akosombo. Etwas günstiger, aber ebenfalls in schöner Flusslage befinden sich das Black Star Lions Hotel, die Volta Safari Lodge und das Adi Lake Resort. Teilweise werden Flusssafaris und Ausflüge mit dem Boot auf dem Voltasee angeboten.

Etwas südlich von Atimpoku liegt ein kleiner Flughafen, von wo aus die WAASPS für etwa 160 Euro zwanzigminütige Rundflüge über das Gebiet des Volta, des Staudamms und des Voltasees anbietet.

Akwamu Hügel

In den Hügeln bei **Akwamu** gibt es seit 2010 ein kleines **Waldschutzgebiet**, das von der Gemeinde betrieben wird. Die bewaldeten Hügel erheben sich etwa 400 Meter über dem Flussniveau und das Gebiet ist schon seit vielen Jahrhunderten durch die lokalen Traditionen geschützt. Einige Affenarten und verschiedene Antilopen leben in dem Wald, ebenso wie 150 Vogelarten. Es ist der Bau eines **Museums** geplant.

Dodi

Die **Insel Dodi** liegt im Voltasee und wird von einem Ausflugsschiff namens Dodi Princess immer samstags, sonntags und an Feiertagen angefahren. Das Schiff fährt um 10:30 am Hafen von Akosombo los, ist nach einer Stunde auf Dodi Island und legt dort wieder um 16:00 Uhr ab. Tickets kann man zum Beispiel im Volta Hotel für 20 Euro erstehen. Auf der Insel gibt es einige schöne Strände und einen Pool mit Bar.

Manya Krobo und Yilo Krobo

Die Krobo leben westlich des Voltaflusses unter anderem in Yilo Krobo und Manya Krobo. Sie sind eine Untergruppierung der Dangme, deren Ursprünge nicht gänzlich erforscht sind. Sie sind entweder aus dem heutigen Benin oder aus Nigeria hierher gekommen; es gibt aber auch die Theorie, dass die Krobo dieselben Ursprünge haben wie die Zulu in Südafrika. Auf jeden Fall haben sie sich hier in den Hügeln am Volta im 16. Jahrhundert niedergelassen und waren durch die Hügellage gut vor den kriegerischen Ashanti geschützt. Die Krobo sind für ihre kunstvollen Perlenketten bekannt, die sie traditionell von Hand fertigen. Die Ketten kann man auf den Kunsthandwerkermärkten in beiden Orten kaufen. Der größte Markt heißt Agomanya Market und findet mittwochs und samstags statt. An die 50 Stände bieten die traditionellen Perlenketten an. In der **Cedis Bead Industry** erfährt man alles über die Ketten. Es gibt Demonstrationen, während derer man sieht, wie diese **Perlenketten** hergestellt oder repariert werden. Die **Fabrik** liegt drei Kilometer von **Agomanya** entfernt und die Vorführungen kosten 2 Euro.

Außerdem sind die Krobo in Ghana für ihr Dipo-Ritual berühmt. Dieses Ritual dient zur Reinigung und Initiation junger Frauen.

Auf der Ostseite des Volta liegen die **Krobo-Hügel**, die etwa 240 Meter hoch sind. Oben sind noch Ruinen von einstigen Krobo-Siedlungen zu finden. Rund um die Hügel leben Paviane und viele Vögel. Es gibt einige Höhlen und schöne Aussichten auf den Volta. Die Pläne, hier ein Tourismusprojekt ins Leben zu rufen, sind bisher noch nicht umgesetzt worden.

Awukugua-Akwapim

Die Stadt Awukugua-Akwapim wird meist nur Awukugua genannt. Sie ist hauptsächlich bekannt, weil hier Okomfo Anokye geboren wurde. Er war der Priester, der gemeinsam mit Nana Osei Tutu das erste Ashanti-Reich gegründet hat. Sein Geburtshaus ist noch wie eine Art Schrein erhalten. Eine alte Palme soll schon zu Zeiten von Anokye hier gestanden und der Priester soll sie barfuß erklommen haben. In einem Felsen sind die Namen der sieben Stämme eingraviert, die Nana Osei Tutu betrogen haben, bevor er an die Macht kam.

Ho

Die Hauptstadt der Region ist Ho, das einst auch das Verwaltungszentrum von British Togoland war. Heute gibt es hier kaum Sehenswürdigkeiten, abgesehen vielleicht von einigen wenigen **Kolonialbauten** und dem Volta-Regionalmuseum. Das Museum kostet etwa 2 Euro Eintritt und ist täglich von 8:00 bis 17:00 Uhr geöffnet. Die Sammlung zeigt einige Musikinstrumente und andere Gegenstände aus dem kulturellen Leben der Voltaregion. Das **Yams-Festival**, welches Ende September oder Anfang Oktober stattfindet, ist ein interessantes Ereignis.

Im Touristeninformationszentrum in Ho haben die Mitarbeiter, die im Stadtzentrum an Wochentagen von 8:00 bis 12:30 und von 13:00 bis 17:00 zur Verfügung stehen, aktuelle Informationen über die verschiedenen Tourismusprojekte, die in der Region gerade Besucher empfangen.

In Ho gibt es neben dem großen Busbahnhof, an dem Trotros in alle Richtungen fahren, auch einen Markt und mehrere Hotels von mittlerem Standard. Das Chances Hotel mit 120 Zimmern hat zwei Sterne und für 50 bis 60 Euro Zimmer mit Klimaanlage. Weniger dekoriert, aber trotzdem angenehm sind das Hotel Stevens, das Bob Coffie Hotel und das Sky Plus Hotel, die jeweils Zimmer für etwa 30-40 Euro anbieten. Das Restaurant im Hotel Stevens ist zu empfehlen.

Kalapka Schutzgebiet

Das Kalapka Schutzgebiet liegt etwa 10 Kilometer südlich von Ho und ist 325 Quadratkilometer groß. Die Landschaft besteht größtenteils aus Trockensavanne mit einigen kleinen **Wäldern**. Es gibt nur sehr wenige größere Säugetiere und als Besucher muss man sehr viel Glück haben, um einige der **Antilopen**, Büffel, Buschböcke und Affen zu sehen. Es gibt keine geeignete Verkehrsführung in dem Schutzgebiet, weshalb es wenige Touristen anzieht. Für die Natur ist diese Tatsache im Grunde begrüßenswert. Trotz der kaum vorhandenen Erschließung kann man Tagesausflüge in das **Kalapka Schutzgebiet** unternehmen und kleinere Wanderungen in der unberührten Natur machen. Vor allem im Westen des Schutzgebietes gibt es einige Trampelpfade, die zum Wandern einladen.

Adaklu Berg

Der Adaklu Berg ist so etwas wie der Hausberg von Ho. Es ist einer der **höchsten alleinstehenden Berge** in Ghana und er ragt etwa 500 Meter aus der umgebenden Landschaft heraus. **Adaklu** ist gleichzeitig der Begriff für die Menschen, die in der Umgebung des Berges leben. Es gibt ungefähr 40 Dörfer, in denen die Adaklu leben. Sie sprechen Ewe und kamen einst aus dem Gebiet des heutigen Benin. Am Helekpe Visitors Center, das sich etwa 12 Kilometer von Ho entfernt am Westhang des Berges befindet, kann man den Aufstieg beginnen. Die **Wanderung** bis zum Gipfel ist zwar mit etwa 60 bis 80 Minuten recht kurz, aber anspruchsvoll, weil es sehr steil bergan geht. Der Ab-

112

stieg dauert nur etwas länger als eine halbe Stunde. Es gibt in der recht kargen Natur hin und wieder Affen zu sehen sowie zahlreiche **Schmetterlinge** und riesige Schnecken, die man jedoch nicht anfassen darf, weil sie den Adaklu heilig sind. Die Tour kostet etwa 3 Euro. Außerdem bieten die Bewohner von Helekpe Tanzvorführungen und einen kleinen Spaziergang zu den Höhlen an, in denen ihre **heiligen Fledermäuse** leben.

Kpetoe Agotime

Die kleine Stadt Kpetoe Agotime ist die Hauptstadt des Agotime-Distrikts. Sie befindet sich nahe der togolesischen Grenze, etwa 30 Kilometer von Ho entfernt. Die Menschen in **Agotime** sind bekannt für ihre Webkünste. Sie behaupten sogar, sie seien der Ursprung der berühmten **Ashanti-Webkunst**. In Kpetoe gibt es das Agotime Ecotourism Center, wo man alles über das Weben erfahren kann. Es ist von 9:00 bis 17:00 Uhr täglich geöffnet und natürlich sind die Stoffe auch zu verkaufen. Wer den Umweg in diese abgelegene Region wagt, muss höchstwahrscheinlich hier übernachten. Dazu stehen das Pleasant Dreams Guesthouse und das Buggie Hotel zur Verfügung. Beide haben je nur neun Zimmer mit Ventilatoren. Die Übernachtung ist mit etwa 12 Euro recht günstig.

Amedzofe

Amedzofe hat etwa 5000 Einwohner und liegt etwa auf halbem Weg zwischen Ho und Hohoe. Es ist die höchstgelegene Stadt in Ghana mit bis zu 700 Höhenmetern. Diese Lage macht Amedzofe und die Umgebung zu einem beliebten Ziel für Wanderer. Jeder, der eine Wanderung unternehmen möchte, muss sich beim Amedzofe Tourism Center anmelden und eine Gebühr von etwa drei Euro zahlen. Es kann sein, dass eine Extragebühr für größere Fotoapparate oder Kameras erhoben wird. Das beliebteste Wanderziel ist der **Amedzofe Wasserfall**, der manchmal auch als **Ote-Fall** bezeichnet wird. Vom Touristenzentrum aus ist der Wasserfall in weniger als einer Stunde erreichbar. Der Weg dorthin ist abenteuerlich, weil er über staubige oder schlammige **Trampelpfade** führt, die zum Teil so steil sind, dass man sich an einem Seil halten muss. Die Landschaft ist sehr schön und der Wasserfall ist geteilt in einen oberen und einen unteren Fall. Dazwischen muss ein etwa **knietiefer Pool** durchquert werden.

Ein zweites Ziel für eine Wanderung ist der **Mount Gemi**, eine kleinere Erhebung, von der aus man einen schönen Blick auf den Voltasee hat. Auch dieser **Wanderweg** dauert insgesamt (hin und zurück) weniger als zwei Stunden. Daher können beide Wanderungen an einem Tag kombiniert werden. In der Nähe des Mount Gemi gibt es einen Pool, in dem man bedenkenlos schwimmen kann. Von dem Dorf Logba Tota werden geführte Ausflüge für etwa zwei Euro angeboten. Der Pool ist von dort aus etwa zwei Kilometer entfernt.

Wer in der Mountain Paradise Lodge absteigt, kann von dort aus Wanderungen unternehmen. Mehrere kleine Agenturen bieten ihre Dienste als Wanderführer an. Von ihnen werden etwa drei Euro für eine Halbtagstour verlangt. Ein schöner dreistündiger

Wanderpfad führt am Kulugu Fluss entlang durch bewaldetes Gebiet, in dem Affen und verschiedene Vögel leben. Auch von Biakpa aus kann man zu den Amedzofe Wasserfällen wandern.

Das Abra Erica Hotel liegt nur wenige Minuten zu Fuß vom Zentrum von Amedzofe entfernt. Für um die 50 Euro kann man ein Doppelzimmer mit Klimaanlage, für etwa 30 Euro ein Zimmer mit Ventilator mieten. Das Restaurant des Abra Erica Hotels serviert internationale Gerichte zu vernünftigen Preisen. Die Mountain Paradise Lodge in Biakpa verfügt über einen großen Schlafsaal und 8 individuelle Zimmer. Sie befindet sich außerhalb der Stadt genau dort, wo die Wanderungen in der Regel beginnen. Ein Zimmer mit eigenem Bad kann man hier für etwa 25 Euro pro Nacht bekommen.

Tafi Atome Affenschutzgebiet

Tafi Atome ist ein kleiner Ort etwa fünf Kilometer von Hohoe entfernt. Das **Affenschutzgebiet** wurde 1993 gegründet und dient hauptsächlich dem Schutz der **Monameerkatzen**, die in einem kleinen Wald nahe dem Dorf leben und für die Bewohner der Region heilig sind. Die Affen wurden von den Dorfbewohnern mitsamt einigen heiligen Schildkröten vor 200 Jahren aus der Region Brong Afafo hierher gebracht. Lange Zeit war der Wald einfach nur mit einem Tabu belegt und niemand durfte ihn betreten bis auf die **Priester des Stammes**. In den 80er Jahren verringerte sich die Anzahl der Affen trotz des Tabus und es wurde das Schutzgebiet eingerichtet. Ausflüge in das Schutzgebiet können beim **Visitors Center** für fünf Euro arrangiert werden. In diesem Preis ist ein Guide, der jede Touristengruppe obligatorisch begleitet, inbegriffen. Da die Affen vor 8:00 Uhr und nach 16:00 Uhr am aktivsten sind, sind diese Zeiten die besten für einen Besuch des Schutzgebietes.

Tafi Abuife

Tafi Abuife liegt südwestlich von Tafi Atome und ist eines von Ghanas Zentren der **Webkunst**. Ähnlich wie bei den Ashanti wird auch hier die traditionelle Webkunst am Leben gehalten. In dem Dorf kann man den Webern bei der Arbeit zusehen und natürlich auch die Produkte kaufen. Es werden sogar Kurse im Weben für zwei Euro angeboten. Für acht Euro kann man im Dorf übernachten und am Dorfleben teilhaben.

Kpandu

Kpandu hat 29.000 Einwohner. Die Stadt liegt in der Nähe des Voltasees. Vier Kilometer entfernt befindet sich **Kpandu Torkor**, der zugehörige **Hafen**. Bekannt ist Kpandu für seine **Keramikherstellung**, welche die eleganteste in ganz Ghana sein soll. Den Frauen, die von Hand Töpfe, Teller und Krüge herstellen, kann man zum Beispiel in dem Vorort Fesi zusehen. Mehrere Frauen haben sich hier zu einer Art Kooperative zusammengetan und zeigen Touristen gerne ihre handwerklichen Fertigkeiten. Neben Haushaltskeramik werden hier auch kleine, etwa handtellergroße Figuren angeboten. Alles ist handgemacht.

Etwa acht Kilometer nördlich der Stadt befindet sich ein **Schrein** für „Unsere Jungfrau von Lourdes". Es handelt sich um eine Art Grotte, die von einem niederländischen Priester in den 1950er Jahren mit einem **Schrein für die Jungfrau Maria** versehen wurde und an die Pilgerstadt Lourdes erinnern soll. In der Grotte sind nicht nur Marienfiguren zu finden, sondern auch 14 lebensgroße Figuren, die die Stationen des Kreuzweges zeigen. Christliche Pilger aus ganz Ghana kommen hierher. Vor einigen Jahren haben ein paar Kinder erlebt, dass das blaue Kleid der Jungfrau Maria sich im Wind bewegte. Der lokale Priester schloss aus dieser Bewegung des Stoffes darauf, dass eine nahe stehende **Palme** Heilkräfte besitzen muss. Seither haben sich tausende von **Pilgern** ein Stückchen aus der Palme herausgeschnitten, so dass sie mittlerweile vermutlich tot ist.

In Kpandu gibt es einige Unterkünfte, allerdings eher im unteren Anspruchs- und Preisniveau. Das beste Hotel der Stadt ist wohl das Johnson's Inn mit 13 Zimmern, die je nach Größe 30 bis 40 Euro kosten. Sie sind mit Klimaanlage, Fernseher und heißem Wasser ausgestattet. Für etwa 20-25 Euro kann man im Cedes Guesthouse, im Same Sister Guesthouse oder im First Class Guesthouse unterkommen. Letzteres hat Zimmer mit Klimaanlage. Das Restaurant im Cedes Guesthouse heißt Crystal Restaurant und ist empfehlenswert.

Hohoe

Hohoe ist die Hauptstadt des gleichnamigen Distriktes. Etwa 60.000 Menschen leben hier. In der Stadt leben Moslems und Christen eng zusammen. 2012 kam es zu gewalttätigen Konflikten zwischen Anhängern beider Glaubensrichtungen, weshalb für mehrere Monate eine nächtliche Ausgangssperre verhängt wurde. Die Lage scheint sich jedoch wieder beruhigt zu haben.

Die Stadt ist wenig sehenswert. Allerdings ist sie ein guter Ausgangspunkt für Ausflüge zum **Agumatsa Tierschutzgebiet** oder zum **Wli Wasserfall**.

Es gibt wenige Unterkünfte für Touristen und der Standard ist sehr gering. In der Taste Lodge kann man für 20 Euro eines von fünf Zimmern mit Ventilator mieten. Das Restaurant des kleinen Gästehauses ist sehr gut. Das Greater Grace Guesthouse bietet Zimmer mit Klimaanlage für 28 Euro und Zimmer mit Ventilator für 15 Euro. Die Evergreen Lodge hat sechs Gästezimmer mit Klimaanlage und Kühlschrank, welche sie für etwa 15 Euro pro Nacht vermietet. Im Grand Hotel kann man eines der zehn Zimmer mit Gemeinschaftsbad für 13 Euro mieten.

Wli Wasserfall und **Agumatsa Tierschutzgebiet**

Der Wli Wasserfall und das Agumatsa Tierschutzgebiet bilden eine Einheit. Der **Wanderpfad**, der zum Wasserfall führt, verläuft ungefähr eine dreiviertel bis eine Stunde durch die Landschaft des Agumatsa Tierschutzgebietes. Der Eingang zum Park befindet sich bei der Ortschaft Wli Agorviefe. Hier beginnt auch der Wanderweg. In Wli gibt es ein kleines Touristeninformationszentrum, wo jeder, der den Weg zum Wasserfall gehen, oder das Schutzgebiet betreten möchte, ein Eintrittsgeld von etwas mehr als 3 Euro entrichten muss. Es werden auch geführte Touren angeboten. Am unteren Wasserfall, wo der Agumatra Fluss sich in einen kleinen **flachen Pool** stürzt, kann man sich ein wenig erfrischen. Die Menschen aus der Umgebung glauben daran, dass das Wasser dieses Wasserfalls unfruchtbare Frauen wieder fruchtbar machen kann. Selten sieht man auf der Wanderung kleinere Affen oder Antilopen, welche in dem Schutzgebiet leben. Einige der mindestens 400 Vogelarten zu Gesicht zu bekommen ist hingegen wahrscheinlich.

Um zum oberen **Wasserfall** zu gelangen, sollte man körperlich fit sein. Der Pfad ist sehr steil, führt über teils hüfthohe Stufen und Felsen, enthält gefährlich enge Passagen und ist überhaupt nur zwischen Januar und Juni begehbar. Hier wird die Begleitung durch einen lokalen Guide obligatorisch, egal ob man eine Tagestour oder eine mehrtägige Unternehmung plant.

Likpe Höhlen

Die **Likpe Höhlen** befinden sich unmittelbar in der Nähe des Dorfes **Likpe Todome**, nördlich von Likpe Bakua und auf halber Strecke zwischen Hohoe und Wli Agorviefe. Es handelt sich um ein Höhlensystem aus sechs zusammenhängenden Höhlen, die riesige **Kolonien von Fledermäusen** beherbergen. Von Likpe Todome aus werden Wanderungen von zwei bis zu fünf Stunden angeboten, bei denen Touristen die Höhlen erkunden und einen kleinen Wasserfall in der Nähe besuchen können.

Afadjato

Der **Berg Afadjato** ist ein weiteres schönes Ziel für Wanderer und Naturliebhaber. Der Afadjato ist mit seinen etwa 880 Metern einer der höchsten Berge Ghanas und befindet sich nahe der togolesischen Grenze. Es gibt verschiedene **Wanderwege** in dem Gebiet rund um den Berg. Von oben aus hat man einen schönen Blick bis zum **Voltasee**. Es gibt etwa 30 Säugetierarten und zahlreiche Vögel in der Region. Es gibt zwei Gemeindeprojekte, die um Touristen konkurrieren und nahezu verfeindet sind. Auf der einen Seite gibt es das Afadjato Agumatsa Conservation and Ecotourism Center (AACEC) und auf der anderen Seite des Berges das Laiti Wote Visitors Center. Beide bieten ähnliche Dienste und Ausflüge an.
Nahe des AACEC gibt es drei kleine Gästehäuser, wo man unter sehr einfachen Bedingungen für weniger als 8 Euro übernachten kann.

Kiabobo Nationalpark

Der **Kiabobo Nationalpark** erstreckt sich entlang der togolesischen Grenze und umfasst hauptsächlich hügelige Waldgebiete. Seinen Namen hat der Nationalpark nach dem **Berg Kyabobo**, der 873 Meter hoch ist. Das Schutzgebiet ist relativ klein mit nur 218 Quadratkilometern, aber es gibt in dem Waldgebiet **Büffel**, **Elefanten**, verschiedene Affenarten und Antilopen sowie 235 Vogelarten. Vom Kyabobo Visitors Center aus, das sich etwa zwei Kilometer nordöstlich von Nkwanta befindet, werden verschieden lange Wanderungen angeboten. Der Eintritt in den Park kostet etwa 3 Euro zuzüglich 1,5 Euro pro Stunde für den obligatorischen Guide. Die beste Zeit, um hier unter angenehmen Wetterbedingungen zu wandern, ist zwischen November und Juni.

Koforidua

Die Stadt **Koforidua** liegt etwa 60 Kilometer nördlich von Accra und weniger als 30 Kilometer westlich des Süd- und Westufers des Voltasees. Die Stadt hat mehrere Hotels, Restaurants und Geschäfte, so dass man hier einen Stopp einlegen und eine Nacht verbringen kann. Von weiterem Interesse ist Koforidua für Freunde des **Kunsthandwerks**. Der New Juaben Market ist ein großer und beliebter Markt, auf dem Kunsthandwerk, Stoffe und Perlenketten verkauft werden. Er findet täglich außer Sonntags im Golden Jubilee Park statt. Offiziell beginnt der Markt um 7:00 Uhr und endet um 17:30 Uhr. Am geschäftigsten ist der Markt an Donnerstagen. Dann sind auch oft Verkäufer aus Togo, aus Burkina Faso oder Mali vertreten, was das Angebot besonders vielfältig macht.
Eine weitere Sehenswürdigkeit in der Nähe von Koforidua sind die **Boti Wasserfälle**, die etwa 15 Kilometer nordöstlich der Stadt liegen. Es handelt sich um die 30 Meter hohen Wasserfälle des Pawnpawn Flusses, die sich im **Boti Waldschutzgebiet** befinden. Vielfach werden sie als mit die schönsten Wasserfälle in Ghana bezeichnet. Sie sind allerdings nur in der Regenzeit wirklich eindrucksvoll. In der Trockenzeit spaltet sich der Flusslauf zunächst auf, wodurch zwei Wasserfälle entstehen, bevor dann beide vollständig versiegen. Man spricht daher von einem saisonalen

Wasserfall. Der Eintritt in das Waldschutzgebiet kostet 3 Euro pro Person und ist zwischen 8:00 Uhr und 17:30 täglich möglich. Je nach Saison sind sehr viele Ameisen auf dem Weg zum Wasserfall unterwegs. Vor diesen sollte man sich in Acht nehmen und am besten lange Hosen tragen, die man in die Socken stecken kann, um die Haut der Beine zu schützen.

In Koforidua gibt es zwei sehr gute Hotels: das Capital View Hotel mit 112 Zimmern mit Klimaanlage und Badewanne für etwa 75 Euro pro Nacht und das Mac Dic Royal Plaza Hotel mit 40 gut ausgestatteten Zimmern, die Klimaanlage, Fernseher und Kühlschrank bieten und etwa 90 Euro pro Nacht kosten. Letzteres verfügt über einen Pool, einen Tennisplatz, ein gutes Restaurant und einen Nachtclub.

Im günstigeren Preissegment sind das Safegold Hotel mit Zimmern für um die 20 Euro und das Koforidua Guest Hotel mit Zimmern für etwa 35 Euro zu nennen. Beide bieten Räumlichkeiten mit Klimaanlage und warmem Wasser. Das Partners May Hotel bietet einen vergleichbaren Service für etwa 40 Euro. Das hiesige Restaurant ist gut und günstig.

Bunso

Bunso liegt nördlich von Koforidua an der Straße Richtung Kumasi. Es handelt sich im Grunde nur um eine Durchgangsstadt an einer wichtigen Wegkreuzung. Aber das **Bunso Arboretum** ist auch für Touristen interessant. Das mehr als 16 Hektar große Gelände befindet sich etwa vier Kilometer südlich der besagten Kreuzung und enthält hunderte von verschiedenen Pflanzenarten. Zu etwa 70 dieser Pflanzen gibt es kleine Erklärungen, die dem Besucher auf den verschiedenen Spazierwegen mehr Informationen zu der **endemischen Vegetation** geben. 130 Vogelarten und mindestens **300 Schmetterlingsarten** leben im Arboretum und machen den Besuch zu einer Attraktion. Der Eintritt kostet 5 Euro und ist den ganzen Tag über möglich.

Atewa Range Waldschutzgebiet

Das Atewa Range **Waldschutzgebiet** liegt westlich der Straße zwischen Accra und Kumasi und ist 236 Quadratkilometer groß. Bereits 1926 wurde das Gebiet als nur einer von zwei immergrünen **Hochlandwäldern** unter Schutz gestellt. Obwohl in den letzten Jahren einige Bäume geschlagen wurden, zählt es noch immer zu den am besten geschützten Gebieten Ghanas. Die erstaunlich hohe Zahl von mehr als 400 Arten von **Schmetterlingen** ist hier zu finden. Manche von ihnen haben eine Spannweite von zwanzig Zentimetern, wie zum Beispiel der große afrikanische Schwalbenschwanz. Außerdem leben im **Atewa Range Waldschutzgebiet** mehrere Affenarten und der vom Aussterben bedrohte Froschlurch der Gattung Conraua Derooi. Zudem machen mehr als 200 Vogelspezies das Schutzgebiet interessant.

Nkawkaw

Etwa 50 Kilometer nordwestlich der **Bunso Kreuzung** befindet sich die Stadt Nkawkaw mit 60.000

Einwohnern. Sie liegt unmittelbar am Kwahu Plateau, das die größte Wasserscheide von Ghana auf etwa 700 Höhenmetern darstellt. Hier findet seit 2003 jedes Jahr an Ostern das dreitägige **Paragliding Festival** statt, bei dem sich internationale Paraglider miteinander messen, aber auch traditionelle Musik gespielt wird.

Abetifi

Abetifi liegt auf dem Kwahu Plateau, etwa 10 Kilometer von der Stadt **Mpraeso** entfernt. Abetifi ist eine der höchstgelegenen Städte des Landes und bekannt für ihr angenehm **kühles Klima**. 1869 erlangte die Stadt eine gewisse Berühmtheit, als die Ashanti hier einen presbyterianischen Priester und seine Familie mehrere Monate lang als Geiseln hielten. Dieser Missionar kehrte einige Jahre später zurück und baute 1907 eine **presbyterianische Kirche** im holländischen Stil. Sie hat die größte Kirchenglocke in ganz Ghana und eine kleine Plakette an der Kirchenmauer erinnert an den Priester namens Ramseyer.

Adowso

In Adowso befindet sich der wichtigste Hafen des diesseitigen Flussufers. **Fähren verbinden Adowso mit Ekye und der Afram Ebene.** Daher sind sowohl der Hafen als auch die gesamte Stadt meist sehr geschäftig. Händler sind auf Trotros, LKWs und anderen Gefährten auf der Fähre unterwegs und bevölkern das Stadtzentrum. Neben der Möglichkeit, mit der Fähre nach Ekye überzusetzen, kann man auch am Fährterminal **Kanutouren** auf dem See buchen.

Tafo

Da es neben diesem Ort **Tafo** auch ein Dorf namens Tafo in der Nähe von Bunso gibt, wird es oft auch **Tafo Kwahu** genannt, um Verwechslungen zu vermeiden. Die Siedlung auf dem Kwahu Plateau ist hauptsächlich bekannt, weil hier der in Großbritannien berühmte Serien-Schauspieler Gyearbuor Asante geboren wurde. Vor der hiesigen Bibliothek ist sogar eine Büste des berühmten Bürgers aufgestellt worden. Für Touristen ist der **Schrein am Buruku Felsen** interessant. Der Felsen an sich hat schon eine außergewöhnliche Form, denn er ähnelt einer Säule und befindet sich auf einer leichten Anhöhe. Der Schrein beim Buruku Felsen ist einem der **lokalen Götter** geweiht, der die umliegenden Dörfer beschützt. Von Tafo aus kann man eine etwa **fünfstündige Rundwanderung** unternehmen, die am Buruku Felsen vorbei und durch die umliegende Landschaft führt. Unterkünfte gibt es in Tafo nicht. Man muss also die Stadt als Ziel eines Tagesausfluges anvisieren.

Sehenswürdigkeiten im ZENTRUM

Zentralghana ist geprägt von der Kultur der Ashanti, die hier leben. Neben den Ashanti sind auch die Brong, die Fante und die Ahafo im Zentrum von Ghana zu Hause. Die Hauptverkehrsverbindung ist die Straße zwischen Kumasi und Tamale.

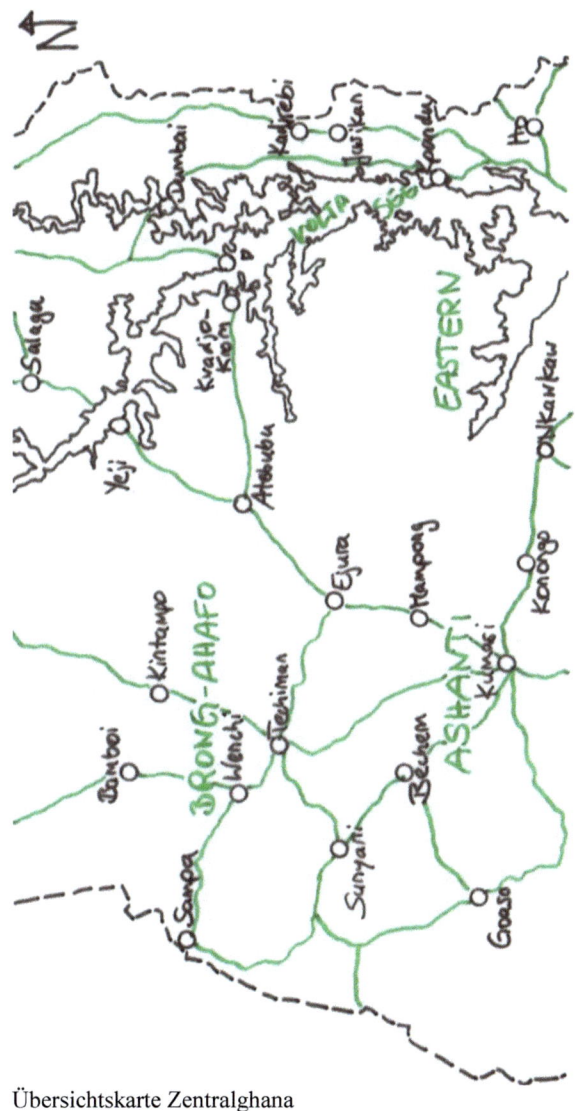

Übersichtskarte Zentralghana

Kumasi

Kumasi ist mit etwas mehr als zwei Millionen Einwohnern die größte Stadt in Zentralghana und das **Zentrum** der heutigen **Ashanti-Region**. Schon früher war Kumasi das Regierungszentrum des historischen Ashanti-Reiches. Die Stadt wirkt besonders hektisch und verkehrsbelastet.

Die Ashanti sind eines der wenigen Völker Afrikas, die so erbitterten Widerstand gegen die Kolonialherren geleistet haben, dass ihr Name noch heute vielen Europäern geläufig ist. Die Geschichte der Ashanti ist geprägt von Kriegen und einer langen Reihe von machtvollen Herrschern, die die Stämme in der Umgebung unterwerfen konnten. Bis in die heutige Zeit halten die Ashanti ihre Kultur am Leben und das Akwasidae Festival sowie die Schreine der Ashanti sind zwei der Hauptgründe für Touristen, das Land zu besuchen.

Kumasi hat einen **Flughafen**, von dem aus die Antrak Air und die Fluggesellschaft Starbow ein paarmal täglich nach Accra und zurück fliegen. Über eine Bahnlinie ist Kumasi an Takoradi angebunden. Der Zugverkehr wurde jedoch vor einigen Jahren von der Regierung wegen zu hoher Treibstoffkosten ausgesetzt, weshalb die meisten Menschen in Trotros, Bussen und Privatwagen unterwegs sind.

Zu den Hauptsehenswürdigkeiten Kumasis gehört der **Kejetia Markt**. Mit sage und schreibe 12 Hektar ist dies der größte Markt in Ghana und wohl auch in ganz Westafrika. 10.000 Händler sind hier südlich des Kejetia Kreisels jeden Tag damit beschäftigt, alle erdenklichen Arten von Waren zu verkaufen. Es handelt sich um ein überwältigendes und verwirrendes Labyrinth von engen Gassen zwischen den vielen kleinen Ständen und es gibt hier jede Menge zu sehen. Da es kaum Gelegenheiten gibt, sich etwas zu trinken zu besorgen, sollte man als Besucher immer eine Flasche Wasser bei sich haben. Was zunächst wie ein heilloses Durcheinander erscheint, hat im Grunde ein System. Die Warengruppen haben jeweils ihre Sektion auf dem Gelände des Marktes und es befinden sich also alle Stände, die Stoffe anbieten, beieinander. Es gibt eine große Sektion für Eisenwarenhändler, Schneider, Lebensmittelstände und so weiter. Wo Fisch und Fleisch angeboten werden, riecht man schon auf einige Entfernung. Eine Abteilung des Marktes ist dem **Kunsthandwerk** gewidmet und hier findet man besonders viele Händler, die gezielt auf Touristen warten.

Das **Armeemuseum** ist täglich außer montags von 8:30 Uhr bis 16:30 Uhr geöffnet. Der Eintritt kostet fünf Euro. Passenderweise befindet sich das Museum in der Festung von Kumasi, das wohl das älteste Gebäude der Stadt ist. Die **Festung** wurde 1897 von den Briten gebaut. Während der **Ashanti Rebellion** im Jahr 1900 waren britische Truppen für mehrere Wochen in der Anlage gefangen. Im Museum werden Führungen angeboten, die durch die Waffensammlung, die vielen Portraits von Ashanti-Herrschern und durch die Geschichte des Ashanti-Reiches im Allgemeinen leiten. Man erfährt hier auch einiges über die Grausamkeiten, die die Kolonialherren nach Afrika brachten.

Etwa 200 Meter von der **Festung** entfernt befindet sich der alte **britische Militärfriedhof**, der recht gut erhalten ist.

Der Zoo von Kumasi ist täglich von 9:00 bis 17:00 Uhr geöffnet und kostet 5 Euro Eintritt. Ein Besuch hier ist weniger wegen der zum Großteil traurigen und winzigen Käfige mit einheimischen Tieren von Interesse als vielmehr wegen der gigantischen Kolonie von Fledermäusen, die auf dem Zoogelände leben. Da die Tiere vor allem in der Abenddämmerung aktiv werden, ist der Zoobesuch zu dieser Tageszeit fast den hohen Eintritt wert. Vor dem Zooeingang auf dem Bürgersteig bieten kleine Stände **gegrillte Fledermäuse** an. Da man nicht sicher sein kann, ob Krankheiten wie Ebola, Tollwut oder SARS nicht doch in Verbindung mit dem Verzehr von Fledermäusen stehen, ist von dem Genuss dieser Köstlichkeit jedoch abzuraten.

Cultural Centre in Kumasi

Das National Cultural Center von Kumasi liegt an der Bantama Straße nur wenige Minuten zu Fuß vom

Kejetia Markt entfernt. Das Kulturzentrum ist der **Ashantikultur** gewidmet. Ein Teil des Zentrums besteht aus dem **Prempeh II. Museum**, welches an Wochentagen von 9:00 bis 17:00 Uhr und am Wochenende von 10:00 bis 16:00 Uhr geöffnet ist. Für drei Euro kann man eine kleine Führung mitmachen. Das Fotografieren ist allerdings im Innern verboten. Otumfuo Nana Osei Agyeman Prempeh II., der Namensgeber des Museums, bestieg 1931 den **Thron der Ashanti** und regierte das Reich 40 Jahre lang. Ein Großteil der Ausstellungsstücke in dem Museum stammt aus seiner Regierungszeit. Unter anderem gibt es Bilder seiner **Krönungszeremonie** und verschiedene Throne zu sehen, darunter auch die Kopie des goldenen Throns, die 1900 den Briten übergeben wurde, während der echte goldene Thron das Ashanti-Reich nie verlassen hat. Eine Fotografie dieses goldenen Throns ist ebenfalls in dem Museum zu finden. Zuletzt wurde sie 1999 bei der Krönung des aktuellen Herrschers gesehen.

Etwa 500 Meter vom Kulturzentrum entfernt befindet sich ein wichtiges Artefakt der Ashanti Kultur: das **Okomfo Anokye Schwert**. Es steckt im Boden und der Legende nach wurde es von einem wichtigen Priester namens Okomfo Anokye genau da platziert, wo der goldene Thron vom Himmel herab kam, um für Nana Osei Tutu ein Symbol seiner Macht zu werden.Die Legende besagt weiterhin, dass die Ashanti-Kultur zusammenbrechen wird, sollte das Schwert jemals aus dem Boden gezogen werden. Um die für die Ashanti wichtige Stätte zu besichtigen, muss man 2 Euro Eintritt zahlen. Die Stätte ist montags bis samstags von 9:00 bis 17:00 Uhr und sonntags von 9:00 bis 16:00 Uhr zugänglich.

Auch der **Manhya Palast** ist eine wichtige Sehenswürdigkeit von Kumasi, die in Verbindung mit dem
Ashanti-Reich steht. Der Palast ist einen Kilometer
vom Kulturzentrum entfernt und liegt an der Antoa
Straße.

Zeremonie im Königspalast

Der **Palast** wurde 1926 erbaut, als Asantehene Nana
Prembeh I. aus dem Exil zurückkehrte. Heute ist hier

ein kleines **Geschichtsmuseum** untergebracht, das täglich von 9:00 bis 17:00 Uhr geöffnet hat. Hier wird an jedem sechsten Sonntag, wenn das Akwasidae Festival stattfindet, eine besondere Zeremonie mit Musik und Tanz in Gegenwart des aktuellen Königs der Ashanti abgehalten.

In Kumasi gibt es ein wirklich hochklassiges Hotel: das Golden Tulip Kumasi City Hotel mit 167 Zimmern und vier Sternen. Die Übernachtung kostet entsprechend je nach Zimmerkategorie zwischen 200 und 500 Euro, was den meisten Touristen übertrieben erscheint. In der erschwinglicheren Preisklasse gibt es für um die 80-100 Euro pro Nacht einige gute Hotels, zum Beispiel das Royal Park Hotel mit einem chinesischen Restaurant, das Hotel Georgia mit drei Sternen und das Hotel Rexamar, das gerne von Geschäftsreisenden genutzt wird.
In der Preisklasse zwischen 30 und 50 Euro pro Nacht sind das Wadoma Royal Hotel, das Royal Basin Hotel, das Pink Panther Hotel, das Fosua Hotel und das Kumasi Catering Resthouse zu nennen. Sie alle bieten Zimmer mit Klimaanlage, WIFI und einer angenehmen Ausstattung.

Ntonso

Ntonso ist eines der Dörfer, die für das Kunsthandwerk der Ashanti bekannt sind. Ntonso liegt 20 Kilometer nordöstlich von Kumasi. Hier befindet sich das Zentrum der **Adinkra-Herstellung**. Dabei handelt es sich um eine Art weiße Toga, die mit roten und schwarzen geometrischen Symbolen bedruckt ist.

Neuerdings gibt es ein Besucherzentrum, wo Touristen den Färbeprozess live miterleben und natürlich auch die Stoffe kaufen können. Weitere Dörfer in dieser Region nördlich von Kumasi sind Wonoo, Adangomase und Bonwire.

Owabi Tierschutzgebiet

Das Owabi Tierschutzgebiet ist eines der kleinsten Schutzgebiete in Ghana. Es ist nur 13 Quadratmeter groß, umfasst aber einige interessante und artenreiche Feucht- und Waldgebiete. Seit 1971 ist das Gebiet unter Schutz gestellt, um den Lebensraum von mehr als **100 Vogelarten** und zahlreichen Schmetterlingen zu bewahren. Neben Eisvögeln und verschiedenen Reihern gibt es hier auch kleinere Affenarten, Buschschweine und Mungos.

Bosomtwe See

Der Bosomtwe See ist in einem nahezu runden Meteoritenkrater entstanden. Er hat einen Durchmesser von acht Kilometern und ist damit eines von Ghanas größten natürlichen Trinkwasserreservoirs.

Der See und das **Dorf Abono** liegen einige Kilometer südlich von Kumasi. Die Gegend ist sehr schön und gut geeignet für eine Wanderung am Seeufer. Man muss sich jedoch darauf einstellen, dass halboffizielle Vertreter des Abono **Besucherzentrums** alle Touristen hartnäckig verfolgen, bis diese eine Spende für die Gemeinde entrichtet haben.

Es gibt ein paar kleinere Pensionen am Seeufer, in denen man übernachten kann. Das Lake Bosomtwe Paradise Resort liegt unmittelbar südlich von Abono am Ufer des Sees an einem hübschen Strandbereich. Die Zimmer kosten hier um die 55 Euro pro Nacht. Nur halb so teuer sind die Zimmer im Wildwin Resort oder im Lake Point Guesthouse.

Sunyani

Seit 1958 ist Sunyani die Hauptstadt der Region Brong Ahafo. Sunyani liegt in einer Gegend, in der der Anbau von Kakao und Kolanüssen die Landschaft dominiert. Der Name Sunyani bedeutet in einem der hiesigen Dialekte „Platz, wo die Elefanten gehäutet werden". Die umliegenden Wälder waren einst die Heimat sehr vieler Elefanten, die nach und nach von den Elfenbeinjägern ausgerottet wurden. Teile der ursprünglichen Wälder gibt es jedoch in der Gegend noch.

90.000 Menschen leben in **Sunyani**, das für Touristen von geringem Interesse ist. Der **Nana Bosoma Markt** ist vielleicht einen Besuch wert. Er ist immer mittwochs am geschäftigsten.

Das beste Hotel in Sunyani, und wohl auch in der gesamten Region Brong Ahafo, ist das Eusbett Hotel, das 109 Zimmer mit Klimaanlage hat und zudem einen Fitnessraum, Schwimmbad und ein Internetcafé beherbergt. Ein Doppelzimmer kostet um die 50 Euro, die Suite etwa 120 Euro.

Das Glamossy Hotel hat 36 Zimmer, freundliche Angestellte und ein recht gutes Restaurant. Hier kommt man für etwa 30 Euro im Doppelzimmer mit Kühlschrank und Fernseher unter. Im einfacheren Tropical Hotel südöstlich vom Stadtzentrum werden die Zimmer mit Ventilator und heißem Wasser für etwa 20 Euro vermietet.

Asumura

Das entlegene Dorf **Asumura**, das auch manchmal Asubura genannt wird, liegt etwa 120 Kilometer westlich von Kumasi am Rande des **Subim Waldschutzgebietes**. Zusammen mit dem **Ayum Wald** und dem Feuchtwald, der zwar von illegalem Holzabbau teils stark geschädigt ist, aber dennoch einigen Tieren als Heimat dient, bildet das Subim Schutzgebiet einen Lebensraum für unter anderem **Waldbüffel** und **Schimpansen**.
Im Jahr 2011 wurde die Asumura Initivative gegründet. Es gibt im Rahmen dieses **Ökotourismusprojektes** ein kleines Gästehaus und es werden Touren durch die Natur angeboten. Innerhalb von etwa zwei Stunden Spaziergang kann man einen Brutplatz der seltenen Felshüpfer, einer Krähenart, erreichen. Die Vögel sind jedoch nur zwischen Dezember und März anzutreffen.

Bui Nationalpark

Der recht selten besuchte **Bui Nationalpark** liegt in der Nähe der Grenze zur Elfenbeinküste und ist der drittgrößte Nationalpark in Ghana. Er ist mehr als 1.800 Quadratkilometer groß und soll die mit etwa 200 Exemplaren größte **Nilpferdpopulation** des Landes besitzen. Mehr als **220 Vogelarten** wurden hier gesichtet. Ein seit 2009 in Konstruktion begriffenes Projekt, einen Damm zu bauen, bedroht Teile des Nationalparks und wird, wenn der Damm fertig gestellt ist, einen 300 Quadratkilometer großen See entstehen lassen.

Der Eintritt in den Park kostet etwa fünf Euro plus etwa 2 Euro pro Stunde für **geführte Rundfahrten**. Der Park ist nur in der Trockenzeit geöffnet und zwar von Dezember bis Mai. Normalerweise unternehmen Touristen ihre Touren von der Stadt Wenchi aus, die mit dem Pony Hotel und dem Baah Hotel zwei einfache Unterkünfte bietet.

Techiman

Techiman hat knapp 80.000 Einwohner und liegt 120 Kilometer nördlich von Kumasi. Es gibt hier mehrere Hotels, weil viele Besucher des **Boabeng Fiema Affenschutzgebietes** von Techiman aus ihren Ausflug starten. Techiman war im 18. Jahrhundert die Hauptstadt des Reiches der Techiman Bono, ein Vasallenstaat der Ashanti. Seine Bewohner waren Flüchtlinge aus dem Bobo Reich, das einst sehr mächtig war, aber 1740 von der Armee von Asantehene erobert wurde.

Im Addo Plaza Hotel, das etwas außerhalb der Stadt liegt, kann man für weniger als 10 Euro in einem der acht einfachen Zimmer unterkommen. Das Premier Palace Hotel verfügt über 32 Zimmer, liegt ebenfalls außerhalb des Zentrums und bietet Zimmer mit Klimaanlage für etwa 25 Euro pro Nacht.

Heilige Höhle von Tano

Die **Tano Höhle** liegt unweit des Dorfes Tanoboase, welches wiederum etwa 13 Kilometer von Techiman entfernt liegt. Hier gibt es eine Ansammlung von interessanten **Sandsteinformationen** und die Quelle des **Tano Flusses**. Die hiesigen Stämme glauben, dass an dieser Stelle der Hauptgott der Akan, Taakora, lebt. Genau hier findet auch jedes Jahr Ende April oder Anfang Mai das Reinigungsfest Apoo statt. Außer der Besichtigung der Tano Höhle kann man im Rahmen des kleinen von der Gemeinde verwalteten Tourismusprojektes auch das Dorf Baafi besuchen und die hiesigen Bräuche kennenlernen oder eine Wanderung auf den steilen Felsen unternehmen. Bei letzterem sollte man jedoch schwindelfrei sein. Für den Ausflug von **Tanoboase** zur Tano Sacred Grove werden pro Person etwa drei Euro verlangt. Für etwa 7 Euro kann man hier auch übernachten, jedoch in einer sehr einfachen Unterkunft.

Buoyeman Höhlen

Die Buoyeman Höhle liegt 12 Kilometer von Techiman entfernt. Es handelt sich um eine große Sandsteinhöhle, die einst vom **Stamm der Bono,** aber heute nur noch von **Fledermäusen** bewohnt wird. 2013 war die Höhle für mehrere Monate für Touristen gesperrt, weil sich ein großer Bienenschwarm dort niedergelassen hatte. Das hiesige Tourismusprojekt ist schlecht organisiert, aber meistens findet sich recht schnell jemand, der Besucher zu der Höhle und auf dem Weg dahin vorbei am eindrucksvollen **Afrika-**

Felsen und am **Bibiri-Wasserfall** mit einem natürlichen Pool führt. Die gesamte Unternehmung nimmt etwa fünf Stunden in Anspruch und es werden je ein Euro pro Attraktion berechnet.

Boabeng Fiema Affenschutzgebiet

Dieses kleine, aber schöne Schutzgebiet gibt es seit dem Jahr 1974. Auf etwa zwei Quadratkilometern leben in einem Waldgebiet zwischen den Dörfern **Boabeng** und Fiema zwei Affenarten, die relativ selten geworden sind. Es handelt sich um die Lowe Meerkatze und den schwarzweißen Stummelaffen. Von den Lowe Meerkatzen gibt es um die 400 Exemplare, während es etwa 200 Stummelaffen gibt. Die Tiere leben meist in Gruppen von 15 bis 40 Affen zusammen. Vor allem die **Lowe Meerkatzen** sind sehr lebendig und verbringen sehr viel Zeit auf dem Boden, so dass man sie sehr gut beobachten kann. Die schwarzweißen Stummelaffen sind etwas schüchterner und bleiben meist auf den Bäumen. Man kann sie jedoch gut in den Baumkronen erkennen wegen ihrer weißen Schwänze.

Es ist kein Zufall, dass es gerade hier einen Affenschutzpark gibt, denn sowohl in Fiema als auch in Boabeng ist traditionell das Töten von Affen ein Tabu. Die Tiere werden als die **Nachkommen der Götter** angesehen. Eine andere lokale Legende besagt, dass es hier einst einen König gab, der Menschen in Affen verwandeln konnte, wenn er wollte. Dies kam ihm im Krieg sehr gelegen. Er konnte die Tiere auch wieder zurück verwandeln, wenn er wollte. Er starb eines Tages unerwartet, während einige Affen noch nicht von ihm zurück verwandelt waren. Manche Bewohner behaupten, dass die Lowe Meerkatzen verwandelte Frauen und die Stummelaffen Männer sind. Daher dürfen sie nicht getötet werden. Im November findet ein großes Affenfestival statt und immer dann, wenn ein toter Affe gefunden wird, veranstalten die Menschen in den beiden Dörfern eine formelle Beerdigungsfeier. Weil die Traditionen und Tabus jedoch unter anderem auch wegen des aufkommenden Christentums ganz langsam an Bedeutung verlieren, untersagt heute zudem ein offizielles Gesetz das Töten von Affen in der Umgebung von Fiema und Boabeng.

Es werden Wanderungen über 10 Kilometer im Park angeboten, bei denen man exzellente Chancen hat, die Affen zu sehen. Am Eingang des Parks wird hervorragender Honig aus lokalem Anbau angeboten.

Bia Nationalpark

Der **Bia Nationalpark** befindet sich zwischen der Grenze zur Elfenbeinküste und Kumasi. Das **Naturschutzgebiet** besteht im Grunde aus dem 280 Quadratkilometer großen **Quellenschutzgebiet** und dem 78 Quadratkilometer großen Nationalpark. Der Eintritt kostet 5 Euro zuzüglich 3 Euro pro Stunde für einen Guide. Der hier unter Naturschutz gestellte Regenwald zeichnet sich durch eine besonders hohe **Artenvielfalt** aus. Bis zu 60 Meter hohe Bäume legen ihr schützendes Laubdach über viele verschiedene Säugetierarten, unter anderem **Waldelefanten**. Für Touristen ist es jedoch sehr unwahrscheinlich, dass sie wirklich eines dieser seltenen Tiere zu Gesicht bekommen.

Mehr als 200 **Vogel-** und 660 **Schmetterlingsarten** wurden bisher im Bia Nationalpark entdeckt.

Kintampo Wasserfall

Kintampo

Kintampo liegt ziemlich genau auf halber Strecke zwischen Kumasi und Tamale. Die Stadt hat 50.000 Einwohner und ist wenig ansehnlich. Allerdings kommen einige Touristen hierher wegen der eindrucksvollen Kintampo Wasserfälle, die etwas nördlich des Zentrums liegen.

In Kintampo gibt es mehrere sehr billige und sehr einfache Unterkünfte. Im Cooperative Guesthouse, im Prince of Peace Guesthouse oder in der Falls Exclusive Lodge kann man für weniger als 20 Euro übernachten.

Obuasi

Etwa 85 Kilometer südlich von Kumasi befindet sich die Ortschaft Obuasi. Hier ist der Sitz des Bergbauunternehmens AngloGold und es gibt in der Umgebung von Obuasi Goldvorkommen. Obwohl die Stadt 400.000 Einwohner hat, gibt es hier wenig zu sehen, denn die Minengesellschaft hat vor einigen Jahren ihre Führungen in den Stollen eingestellt.

Ejisu

Ejisu liegt etwa 20 Kilometer östlich von Kumasi. Es handelt sich mehr um eine Kreuzung als um eine tatsächliche Ortschaft. Eine der berühmtesten Ashanti-Königinnen, Yaa Asantewaa, soll hier geboren worden sein.

Interessant ist der **Besease Schrein**, einer der bekanntesten und auch am besten zugänglichen Schreine in der Region. Wahrscheinlich wurde der Schrein vor etwa 300 Jahren gegründet. Das aktuelle Gebäude wurde allerdings erst 1850 erbaut und 1998 mitsamt seinem strohgedeckten Dach renoviert. Innen sind einige alte Trommeln, Fetische und auch Fotografien zu sehen, die die Geschichte des Schreins erzählen.

Der Besease Schrein ist sonntags geschlossen und an allen anderen Tagen zwischen 8:00 und 17:00 Uhr zugänglich. Die Priesterin bietet persönliche Audienzen an, verlangt aber hohe Trinkgelder. Das Eintrittsgeld (ohne Audienz) kostet 2 Euro, die Fotolizenz weitere 50 Cent.

Ein weiterer Schrein in der Umgebung von Ejisu ist der **Aduko Jachie Schrein**. Der Fußmarsch von der Hauptstraße nimmt nur etwa 10 Minuten in Anspruch, dennoch kommen nur wenige Touristen zu diesem Schrein. Die Außenwände des Gebäudes sind mit Malereien verziert, die wenig kunstvoll wirken. Aber das Innere des Schreins ist in einem guten Zustand. Die Wandgemälde im Innern sind hübsch und es gibt zahlreiche Fetische und Artefakte zu bewundern. Nachdem der einstige Priester den Schrein verlassen hat, achtet eine freundliche Dame auf das Bauwerk. Sie verlangt etwa 5 Euro Eintrittsgeld von Touristen.

Der dritte interessante Schrein ist der **Atia Kusia Kwane Schrein**. Dieser befindet sich in dem Dorf Edwenase, das etwa 6 Kilometer von Ejusu entfernt liegt. Es ist wohl einer der am reichsten verzierten Schreine der Ashanti überhaupt. Der Atia Kusia Kwane Schrein wurde im frühen 19. Jahrhundert erbaut. Wer sich das Bauwerk nur von außen anschauen will, muss nichts zahlen. Wer aber Bilder machen möchte oder in den Schrein hineinschauen will, muss dem Bewacher des Schreins eine Flasche Alkohol und 5 Euro mitbringen. Dieser Schrein ist im Grunde nicht auf den Besuch von Touristen ausgerichtet, aber diese Bezahlpraxis hat sich eingebürgert.

Effiduase

Effiduase liegt etwa 50 Kilometer von Kumasi entfernt in nordöstlicher Richtung. Die Hauptattraktion in diesem Dorf ist der **Bodwease Schrein**. Es ist einer der architektonisch eindrucksvolleren Schreine in der Region. Er ist an den örtlichen **Palast** des Chiefs angebaut, in dem 12 der ehemaligen Chiefs ihre letzte Ruhestätte gefunden haben.

Der gesamte Komplex ist wahrscheinlich um die 150 Jahre alt. Leider ist der letzte Fetischpriester von Bodwease bzw. Effiduase 1985 verstorben und es gibt keinen Nachfolger. Trotzdem gehen die Bewohner davon aus, dass die Geister noch immer im Schrein leben, auch ohne Priester. Daher wird das Gebäude weitestgehend in Stand gehalten und man kann im Innern viele **Fetische und Artefakte** wie zum Beispiel Tierknochen und Puppen sehen. Der aktuelle Bewahrer des Schreins empfängt gerne Touristen und verlangt eine Eintrittsgebühr von etwa 5 Euro sowie eine Flasche hochprozentigen Alkohols.

Der **Abasua Gebetsberg** ist eine der wichtigsten christlichen Stätten in Ghana. Er liegt wenige Kilometer nördlich von Effiduase und zieht jeden Tag hunderte von christlichen Pilgern an. Ein Wanderweg führt auf den etwa 300 Meter hoch aufragenden Hügel mit leichter Bewaldung hinauf, wo die Menschen schließlich 100 Steinstufen hinaufsteigen und oben beten.

Es gibt drei kleine Gästehäuser, das Kayaso Green Hotel, das Moon & Star Guesthouse und das Zanamat Hotel. In allen drei Häusern kann man für weniger als 20 Euro unterkommen, muss jedoch auf Komfort weitestgehend verzichten.

Bomfobiri Schutzgebiet

Das Bomfobiri Schutzgebiet ist 35 Quadratkilometer groß und besteht seit 1975. Es liegt 10 Kilometer von der kleinen **Stadt Kumawu** entfernt in der Nähe des **Bomfobiri Wasserfalls**. Das Besondere an diesem Schutzgebiet ist die kleine Population an Nilkrokodilen. Außerdem leben hier einige Säugetiere, die für die Savanne und Wälder der Region typisch sind. Es gibt Büffel, Buschböcke und einige Antilopenarten. Unter den 140 Vogelarten sind auch verschiedene **Nashornvögel und Papageien**.

Mehrere Wanderwege sind ausgewiesen. Der beliebteste ist nur zwei Kilometer lang und führt unter anderem zum Bomfobiri Wasserfall. Für den Weg dorthin und wieder zurück benötigt man etwa eineinhalb Stunden. Der Eintritt ins Schutzgebiet kostet 2,50 Euro. Ein Guide, der den Weg zeigt und ein wenig über die Tierwelt weiß, verlangt für seine Dienste weitere 2,50 Euro pro Person und Stunde.

Sehenswürdigkeiten im NORDEN

Der Norden von Ghana ist im Vergleich zum Süden und zum Zentrum sehr dünn besiedelt. Nördlich des Volta-Sees liegen weite Savannenlandschaften.
Die Hauptstadt des Nordens ist Tamale, die drittgrößte Stadt des Landes. Hier konzentriert sich die Bevölkerung des Nordens. Vorherrschend sind die Mole Dagbani, eine Volksgruppe, die schon seit Jahrhunderten mehr Beziehungen zu den muslimischen Völkern hat als zu den christlichen Kolonialmächten, die näher an der Küste siedelten. Ein Resultat dieser engen Beziehungen zur islamischen Welt sind noch einige Moscheen im sudanesischen Baustil in Nord-Ghana.

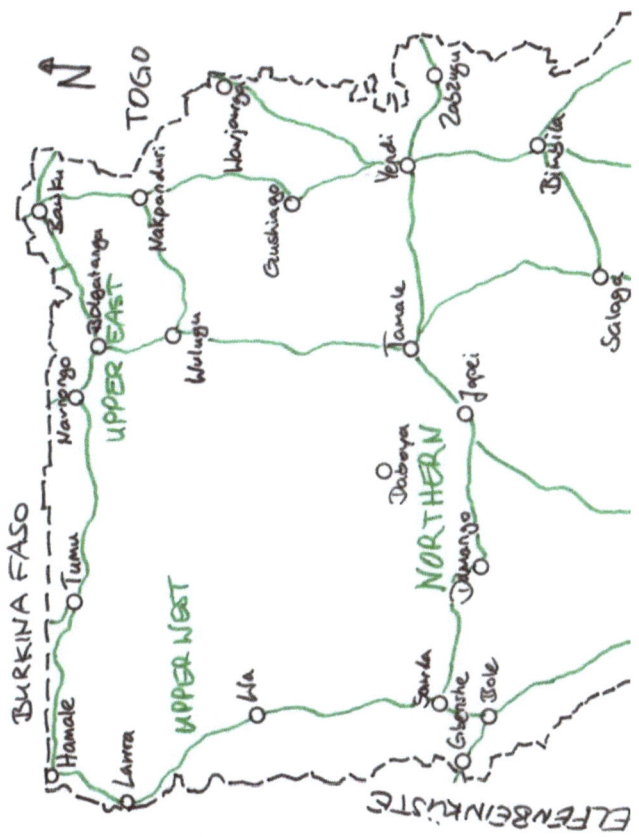

Übersichtskarte Nordghana

Tamale

Tamale ist die administrative Hauptstadt der Northern Region. Mit etwa 550.000 Einwohner ist Tamale schon heute die drittgrößte Stadt Ghanas und sie wächst schnell.

Sie ist auch eine der Städte im Land, die sich am schnellsten verändern. Noch vor einigen Jahren war Tamale nur eine staubige Großstadt. In den letzten Jahren sind aber zahlreiche Investitionen getätigt worden. So ist zum Beispiel ein Fußballstadion für etwa 80 Millionen US-Dollar gebaut und das Straßennetzt der Innenstadt weitestgehend befestigt worden.

Kulturell unterscheidet sich Tamale stark von den Städten im Süden von Ghana, vor allem, weil hier die vorherrschende Religion der Islam ist. Es gibt Moscheen, man hört mehrmals täglich den Gebetsruf und auf den Märkten wird kein Schweinefleisch verkauft. Neben dem Islam haben auch die französischsprachigen Nachbarländer Einfluss auf den Norden von Ghana geübt.

Tamale hat einen Flughafen, der sich 20 Kilometer nördlich der Stadt befindet. Es bestehen täglich Flugverbindungen zwischen Accra und Tamale. Die meisten Menschen nutzen jedoch die zahlreichen Busverbindungen zwischen Accra und Tamale sowie zwischen den meisten anderen Städten und Tamale. Die Fahrt von Accra nach Tamale dauert mit einem Linienbus 12 Stunden. Von Kumasi aus sind es etwa sechs Stunden Fahrt. Als wichtigste Stadt im Norden ist Tamale ein Verkehrsknotenpunkt, unter anderem auch für den Güterverkehr.

In Tamale gibt es Banken, Geschäfte, Internetcafés und ein Krankenhaus.

148

Zu den Sehenswürdigkeiten der Stadt gehört der zentrale Markt, vor allem die Abteilung, in der die Fetische und Zubehör für magische Rituale verkauft werden. Hier sind in den Auslagen der Stände Fetzen von Leopardenfell, Pferdehaar und verschiedene andere tierische Produkte zu finden, die für die traditionelle Medizin gebraucht werden. Außerdem ist die Auswahl an bunten typisch afrikanischen Stoffen groß.

Ganz in der Nähe des Marktes befindet sich die Moschee von Tamale, die mit ihrer Kuppel und den vier Minaretten das auffälligste Gebäude der Stadt ist. Außerhalb der Gebetszeiten haben Touristen die Möglichkeit, das Innere der Moschee zu besichtigen.

Ein paar Blocks von der Moschee entfernt liegt der Gulkpe Naa's Palast, der auch als Chiefs Palast bezeichnet wird. Die traditionellen Gebäude, die einst den Palast bildeten, sind allerdings in den letzten Jahren durch wenig ansehnliche moderne Bauten ersetzt worden. Wo es noch vor wenigen Jahren von den Einheimischen ungern gesehen wurde, dass Touristen sich umschauen und Fotos machen, hat sich mittlerweile die Gesellschaft daran gewöhnt, dass Besucher aus anderen Ländern hierherkommen.

Neben dem Palast gibt es einen kleinen Kunstmarkt im Center for National Culture, auf dem die verschiedensten Kunstgegenstände aus Nord-Ghana angeboten werden.

In Tamale gibt es eine große Auswahl an Hotels der verschiedenen Preiskategorien. Zu den teureren Etablissements gehört das African Dream Hotel mit 12 Zimmern, Restaurant und Swimmingpool, das etwas außerhalb liegt, aber den Transfer in die Innenstadt anbietet. Hier kann man für etwa 70 Euro ein klimatisiertes Doppelzimmer buchen.

Ebenfalls sehr komfortabel ausgestattet sind das Mariam Hotel und die Gariba Lodge in derselben Preisklasse.

Einfacher und günstiger sind das Discovery Hotel, das Picorna Hotel und das Heritage Hotel. In diesen drei Häusern bekommt man ein Doppelzimmer mit Klimaanlage und Frühstück zwischen 20 und 40 Euro pro Nacht.

Die Auswahl an sehr günstigen Unterkünften ist am größten. Im Las Hotel, im Al Hassan Hotel, im Catholic Guesthouse oder im Meet Africa Guesthouse kosten die Zimmer mit Frühstück nur 10 bis 20 Euro, je nach Ausstattung.

Yendi

Die kleine Stadt Yendi liegt etwa 100 Kilometer von Tamale entfernt im Osten. Yendi war einst die Hauptstadt des Dagomba Stammes und noch heute ist Yendi Sitz des Ya Naa, des Königs der Dagbon. Im Jahr 2002 wurde der damalige Ya Naa, der Andani II. hieß, ermordet. Mit ihm wurden 30 seiner Gefolgsleute während einer 30-tägigen Belagerung umgebracht. Dieses Drama führte zu großen Konflikten zwischen den verschiedenen Familien der Region und die Position des Ya Naa blieb lange unbesetzt. Erst 2006 wurde der ermordete Ya Naa beigesetzt. Das Palastgelände blieb aber weiterhin ein von Stacheldraht umzäuntes Gelände, das vom Militär überwacht werden musste. Bis heute konnten die Mörder nicht gefasst und verurteilt werden. Vor dem dramatischen Massaker

konnten Besucher den Zeremonien des Ya Naa bei-
wohnen. Es ist unklar, ob dies in Zukunft wieder möglich sein wird.

Sognaayilli

Die Ortschaft Sognaayilli liegt etwa sieben Kilometer
nordwestlich von Tamale. In diesem Dorf haben Besucher aus aller Welt die Möglichkeit, das wahre Leben der Bevölkerung kennen zu lernen, in den lokalen
Hütten zu übernachten und am Dorfleben teilzunehmen. Diese Ausflüge werden von der niederländisch-
ghanaischen Organisation Meet Africa organisiert.
Die Besucher können beim Kochen, bei der Hausar-
beit, der Feld- und Gartenarbeit helfen und einen Einblick in die traditionelle Herstellung von Sheabutter
oder Erdnussöl bekommen. Es werden außerdem Kurse im Trommeln und afrikanischem Tanz angeboten.

Daboya

Daboya ist fast 70 Kilometer von Tamale entfernt und
liegt am nordwestlichen Ufer des Weißen Voltaflusses. Hier befindet sich das Zentrum für die Herstellung der sogenannten Fugu-Kittel, die in ganz Ghana
getragen werden. Diese mit Indigo gefärbten Klei-
dungsstücke werden hier noch in Handarbeit gefertigt.
Von Tamale aus kann man einen Tagesausflug nach
Daboya unternehmen und sich dabei auch die Salz-
pfanne in der Nähe der Stadt ansehen, die einst wirtschaftlich eine Rolle für die Region spielte.

Salaga

Die Stadt Salaga war für einige Jahrhunderte eine wirtschaftlich bedeutende Stadt in Nord-Ghana, ist jedoch heute eher unscheinbar geworden. 120 Kilometer von Tamale entfernt liegt Salaga auf dem Weg nach Burkina Faso und wird daher von vielen Lastwagen als letzte Station vor dem Passieren der Grenze angefahren.

In Salaga gab es früher einen großen Sklavenmarkt. Heute ist auf dem Platz, auf dem einst die Sklavenhändler ihre Gefangenen zum Verkauf anboten, der Busparkplatz. Nur ein weißes Schild erinnert noch an die traurige Geschichte dieses Platzes. An der Stelle, wo einst Sklaven an einem Baum erhängt wurden, wurde 1989 ein neuer junger Baobab gepflanzt, der als Denkmal an den alten Baum erinnern soll.

Einige historische Brunnen wurden ausgegraben und renoviert. An einigen dieser Brunnen wurden der Überlieferung nach die Sklaven von ihren Händlern gewaschen und mit Sheabutter eingecremt, um sie kräftiger erscheinen zu lassen.

Diesen geschichtsträchtigen Ort kann man in einem Tagesausflug von Tamale aus ansteuern. Am besten kehrt man am selben Tag wieder zurück, denn in Sa laga gibt es nur ein kleines Guesthouse mit einer sehr begrenzten Anzahl von Zimmern.

Saakpuli

Auch die Stadt Saakpuli, die auf halber Strecke zwischen Tamale und Bolgatanga liegt, war im 19. Jahrhundert ein wichtiger Sklavenmarktplatz. Auf dem zentralen Marktplatz sind noch zahlreiche große Baobab-Bäume erhalten geblieben, an denen einst Sklaven angekettet waren. In einem kleinen Museum ist die Geschichte des Sklavenhandels in Saakpuli und der gesamten Region aufgearbeitet.

Mole Nationalpark

Der Mole Nationalpark ist Ghanas größtes Tierschutzgebiet und in Westafrika eines der besten Reviere für Tiersichtungen, am besten in der Trockenzeit von Oktober bis März.

Es gibt ein einziges, etwas heruntergekommenes Hotel im Park, das Mole Motel. Es liegt ideal in der Nähe einiger Wasserlöcher, an denen regelmäßig Elefanten vorbei kommen. Die Preise sind mit etwa 40 Euro pro Nacht im Doppelzimmer erschwinglich und ein Ausflug lohnt sich.

Der Eintritt in den Nationalpark kostet umgerechnet etwa 10 Euro pro Person. An der Touristeninformation 100 Meter vom Mole Motel entfernt kann man Pirschfahrten mit Geländefahrzeugen für etwa 30 Euro pro Stunde (für bis zu 8 Passagiere) buchen.

Der Mole Nationalpark besteht seit 1958. Seither wurden 90 Säugetierarten auf dem Gelände des Parks gesichtet. Leider scheinen einige davon mittlerweile hier ausgestorben oder zumindest vom Aussterben bedroht zu sein. Der letzte Wildhund wurde 1978 im

Mole Nationalpark gesehen. Andere Tierpopulationen halten sich seit Jahrzehnten relativ stabil. Es gibt zum Beispiel zwischen 400 und 600 Elefanten sowie etwa 1000 Büffel. Tüpfelhyänen, Warzenschweine, Paviane, Flusspferde und zahlreiche Antilopenarten sind unterwegs. Mit etwas Glück kann man auch einen der Leoparden sehen. Einst soll es auch Löwen hier gegeben haben, allerdings konnte bei einer Erhebung im Jahr 2009 kein Anzeichen für die Gegenwart von Löwen gefunden werden.

Kakaobohne

Larabanga Moschee

Die Larabanga Moschee befindet sich etwa drei Kilometer südwestlich des Mole Nationalparks an der Straße zwischen Damogo und Sawla. Sie ist die älteste und wohl am besten erhaltene Moschee im **sudanesischen Baustil**, die in Ghana noch erhalten ist.

Das Gebäude hat einen rechteckigen Grundriss und weist die typischen Merkmale der sudanesischen Moscheen auf: die hölzerne Struktur, die überall aus den Wänden und Türmen herausragt, ist gut zu erkennen und die aus Lehm gebauten Wände sind weiß getüncht. Es ist nicht sicher, von wem und wann die Larabanga Moschee erbaut wurde. Manche Quellen nennen das **13. Jahrhundert**. Sehr wahrscheinlich ist sie aber die älteste bauliche Struktur im heutigen Ghana.

Die Moschee ist nicht nur ein besonders gelungenes Beispiel für den sudanesischen Baustil, sondern auch ein wichtiger **Pilgerort**. Deshalb kommen auch die meisten ausländischen Besucher des Mole Nationalparks für einen kurzen Besuch hierher. Die kleine Ortschaft Larabanga mit ihren 4000 Einwohnern ist unspektakulär, aber ein schönes Beispiel für die sogenannte Adobe-Architektur (Lehmbauten), die für den Norden von Ghana so typisch ist.

Bole

Bole ist die Hauptstadt des gleichnamigen Distrikts. Sie liegt an der Straße, die Kumasi und Wa verbindet. In Bole steht eine sehr alte Moschee, die aus **Holz und Lehm** gebaut wurde. Sie ist wahrscheinlich die älteste Struktur dieser Art in Ghana. Von der Hauptstraße aus ist die Moschee zwar nicht zu sehen, aber leicht zu finden. Sie steht unmittelbar hinter der modernen Moschee, die mit ihrer mächtigen Brüstungsmauer die kleinere ältere Moschee in den Schatten stellt.

Zwar ist die Moschee von Bole nicht ganz so alt wie die pittoreske Moschee von Larabanga, aber hier hat man als Besucher die Möglichkeit, sich vom Imam persönlich herumführen zu lassen. Er wohnt unmittelbar neben der Moschee. Der Imam ist ein geduldiger Mensch, der gerne Besuchern sein Reich zeigt. Er hat weder Probleme damit, Frauen ins Innere des Gotteshauses zu lassen, noch damit, dass die Besucher fotografieren.

In der **Umgebung von Bole** gibt es noch zwei weitere ähnliche Moscheen aus derselben Periode. Eine steht an der Straße, die nach **Banda Nkwanta** führt, und die zweite befindet sich in der Ortschaft **Maluwe**. Die Tatsache, dass sich die Moscheen hier befinden, deutet auf eine alte islamische Handelsroute hin.

Bolgatanga

Bolgatanga ist die Hauptstadt der **Region Upper East** im äußersten Nordosten des Landes. Obwohl Bolgatanga wesentlich kleiner ist als Tamale, herrscht hier eine ähnlich lebendige Atmosphäre. Bis auf das **ethnologische Museum** und den **zentralen Markt** gibt es hier keine touristischen Attraktionen. Der Markt findet jeden Tag statt, jedoch ist er jeden dritten Tag besonders groß und gefüllt. Man kann hier qualitativ hochwertige Lederwaren, Körbe und Kleidung finden, die vom Stamm der **Frafra** selbst angefertigt wurde. Von Bolgatanga aus lassen sich Tagesausflüge nach Paga und Tongo unternehmen.

Bolgatanga wurde zu Zeiten des europäischen Mittelalters gegründet, vermutlich unter einem anderen Namen und als Teil einer damaligen **Handelsroute** durch die Sahara. Über diese Route wurde Gold aus dem Süden in Richtung Niger transportiert, um von dort aus nach Timbuktu befördert zu werden.

Der Legende nach kam der erste König der Frafra aus dem Gebiet des heutigen Burkina Faso in die Region. Er soll damals zum König ernannt worden sein, nachdem er einen Tanzwettbewerb gewonnen hatte.

Seit 1960 ist Bolgatanga die Hauptstadt der Region und vor allem in den vergangenen Jahren ist die Bevölkerung stark angestiegen. Heute leben hier etwa 130.000 Menschen.

Es gibt etwa ein Dutzend touristische Unterkünfte in Bolgatanga. Zu empfehlen sind das Comme çi Comme ça Hotel mit acht einfachen Zimmern mit Klimaanlage und Badezimmer. Das kleine Hotel liegt unmittelbar in der Nähe des Marktes und hier kann man für etwa 30 Euro im Doppelzimmer übernachten.

Das Ex Tee Crystal Hotel ist mit 52 Zimmern deutlich größer. Es liegt allerdings etwa drei Kilometer vom Zentrum entfernt. Die Zimmer kosten 30-50 Euro je nach Ausstattung und Größe. Für um die 20 Euro bekommt man im Black Star Hotel, im Skin Hotel oder im Bolco Hotel einfach eingerichtete Zimmer jeweils mit Klimaanlage, teils mit Gemeinschaftsbad.

Tongo

Die kleine Stadt Tongo liegt 15 Kilometer südöstlich von Bolgatanga am Fuße der hufeisenförmigen **Tengzug Hügel**. Dieser kleine Gebirgszug ist bekannt für seine abwechslungsreichen Granitfelsformationen und für das Geräusch, welches der Harmattan-Wind zwischen Dezember und Februar erzeugt, wenn er durch die zerklüfteten Felsen pfeift.

In diesen Hügeln gibt es außer der Natur auch zahlreiche **Ahnenschreine** der Talensi zu finden. Der bekannteste unter ihnen ist der Schrein des **Ba'ar Tonna'ab Ya'nee**. Dieser wird unter anderem von den Ashanti als eine wichtige **Pilgerstätte** betrachtet und man begegnet hier regelmäßig Pilgern. Es gibt die Möglichkeit, geführte Wanderungen zu unternehmen, die von Tongo aus für weniger als 10 Euro pro Person angeboten werden. Um direkt zum Ba'ar Tonna'ab Ya'nee Schrein zu gelangen, braucht man etwa 20 Minuten. Aber es lohnt sich, auch ein paar Umwege einzubauen und die Landschaft zu genießen.

Wulugu

Wulugu liegt etwa 40 Kilometer südlich von Bolgatanga an der Straße nach Tamale. In Wulugu steht eine der sonderbarsten islamischen Strukturen des ganzen Landes: die **Zayaa Moschee**. Dieses mehrgeschossige Bauwerk aus rotem Lehm mutet wie eine Mischung aus einer Festung und einem gigantischen Termitenhügel an.

Es handelt sich jedoch nicht um ein altes Gebäude, denn das Ungetüm wurde erst 1990 errichtet und zwar von einem Scheich, der es erbauen ließ, nachdem er eine Vision der Moschee und ihrer **ungewöhnlichen Form** gehabt hatte. Bis zu seinem Tode 1994 lebte und betete er in dem Bau. Die Dorfbewohner führen Touristen für etwa 5 Euro gerne herum und zeigen ihnen auch das Innere der Moschee.

Gambaga

Die **Klippen von Gambaga** sind wohl das eindrucksvollste Naturphänomen im Norden von Ghana. Die Felsen erheben sich mehrere hundert Meter über die angrenzende Ebene und das auf einer Länge von 60 Kilometern. Trotzdem verirren sich nur wenige Touristen in diese Region, die von den **Mamprusi** bewohnt wird. Die Menschen vom Stamm der Mamprusi haben ihre Traditionen und ihre Kultur noch weitgehend unberührt vom Tourismus erhalten und wer nach Gambaga kommt, kann das ursprüngliche Afrika erleben.

Gambaga ist außerdem bekannt, weil hier eines der **Hexencamps** liegt, in denen der Hexerei beschuldigte und daher verstoßene Frauen Zuflucht finden können. Das Camp wurde bereits 1994 von einer kirchlichen Organisation gegründet und heute leben zwischen 150 und 200 Frauen in diesem „Hexendorf", was zeigt, dass der Bedarf einer solchen Einrichtung sehr hoch ist. Sogar Frauen aus anderen Stämmen, aus Togo und Burkina Faso kommen nach Gambaga auf der Suche nach einem sicheren Wohnort.

Die Frauen, die in dem Camp Zuflucht suchen, haben sich in mehr als 90 Prozent der Fälle keineswegs eines Verbrechens schuldig gemacht, sondern wurden in der

Regel von einem Verwandten oder Nachbarn der Hexerei beschuldigt. Sehr oft sind es finanzielle Beweggründe, die die Familien dazu bringen, die Frauen als Hexen zu bezeichnen und zu verstoßen.

Um nach Gambaga zu gelangen, muss man auf der Straße von Tamale nach Bolgatanga weiter östlich fahren. Die Straßen in dieser Region sind nicht alle befestigt. Die Stadt Gambaga, nach der die Klippen benannt sind, liegt an einer staubigen Piste zwischen Bolgatanga und NaKpanduri.

Die Unterkünfte in Gambaga sind sehr einfach, aber daher auch besonders günstig. Das Norrip Guesthouse hat zum Beispiel sieben einfache Zimmer mit Klimaanlage und einem kleinen Restaurant, wo man für unter 20 Euro ein Doppelzimmer mieten kann.

Karimenga

Karimenga liegt etwa 30 Kilometer südlich von Bolgatanga. In dem kleinen landwirtschaftlich geprägten Dorf leben nur etwa 500 Menschen. Gegründet wurde es von einem Vorfahren des aktuellen Königs um 1790.

Mit der Unterstützung einer niederländischen Organisation ist in **Karimenga** in den letzten Jahren ein **kommunales Ökotourismus-Projekt** entstanden. Das Projekt umfasst ein kleines Gästehaus und bietet Besuchern an, am **Dorfleben** teilzunehmen. Die Gäste des Dorfes können Trommelstunden nehmen, die traditionelle Kochkunst erlernen, auf den Feldern helfen oder sich vom hiesigen Imker sowie auch vom Heiler in deren jeweiligen Tätigkeitsbereichen unterrichten lassen.

Sirigu

Sirigu liegt etwa 20 Kilometer von Bolgatanga entfernt an der Grenze zu Burkina Faso. Bekannt ist die kleine Stadt erstens für die Ton- und Korbwaren, die hier hergestellt werden, und zweitens für die kunstvollen **Verzierungen der Lehmhütten** in Adobe-Bauweise. Die Wände der Gebäude sind mit Formen und Figuren bemalt. Man kann hier als Tourist geführte Spaziergänge durch das Stadtzentrum unternehmen, die von einer lokalen und recht erfolgreichen kommunalen Organisation (SWOPA) angeboten werden, welche hauptsächlich die Frauen vom Stamm der **Nakarisi** unterstützt und ermutigt, mit ihrem Handwerk den eigenen Lebensunterhalt zu verdienen. Bei diesen Spaziergängen sieht man häufig Frauen, die sehr **kunstvolle Ziernarben** im Gesicht tragen. Teilweise sind diese sehr aufwändig und sehen aus wie Spinnennetze.

Sirigu eignet sich für einen Tagesausflug von Bolgatanga aus. Man kann aber auch hier übernachten, denn die SWOPA betreibt ein kleines Gästehaus, wo man für 15 Euro ein Doppelzimmer mieten kann.

Paga

Paga liegt etwa 12 Kilometer nördlich von Navrongo. Die Grenzstadt zu Burkina Faso ist über eine recht gut ausgebaute Straße zu erreichen. Neben dem bedeutenden **Grenzübergang** ist Paga bekannt für seine heiligen Krokodile. Diese Tiere kann man als Besucher aus ungewöhnlicher Nähe bewundern. Rund um einen der Teiche mit den **heiligen Krokodilen** ist ein kleines Tourismusprojekt auf Gemeindeebene entstanden. Es gibt in Paga zwei Teiche mit Krokodilen und insgesamt um die 200 Tiere. Um die Krokodile zu besuchen, muss man etwa 4 Euro Eintrittsgeld zahlen und weitere 4 Euro pro Person für eine geführte Tour, die obligatorisch ist. Wer möchte, kann noch einmal 3 Euro in ein Huhn investieren, das den heiligen Krokodilen geopfert wird. Die Krokodile werden liebevoll gehegt und gefüttert, weil in ihnen die Ahnen weiterleben und wiedergeboren werden.

In Paga kann man außerdem den **Palast des Paga Pia**, des hiesigen Königs, besichtigen. Dieser Palast ist in traditioneller Bauweise wie eine kleine Festung errichtet. Charakteristisch sind die Flachdächer, die **labyrinthartige Anordnung** der einzelnen Häuser innerhalb der Außenmauer und die zahlreichen Innenhöfe, in denen sich das Leben abspielt. Einige der Gebäude sind schon über 100 Jahre alt. Sie werden von verschiedenen Familien bewohnt und ihre Wände aus Lehm sind oftmals mit Ornamenten und Symbolen verziert. Die Bauweise, die man hier findet, ist auch im benachbarten Burkina Faso verbreitet.

Man kann diese Gebäude besichtigen. Am besten wählt man für seinen Besuch den eigentlichen Paga Pia Palast, denn hier sind Touristen willkommen. Auch sind hier die Verzierungen der Gebäudewände besonders schön und kunstvoll.

Das **Pikworo Sklavenlager** ist eine weitere Attraktion in Paga. Der Sklavenhandel hatte zwischen 1840 und 1870 in der Umgebung von Paga seine Blütezeit. Damals wurde etwa zwei Kilometer außerhalb der Siedlung Paga ein Sklavenlager gebaut. Bis zu 200 Menschen konnten hier gefangen gehalten werden, um schließlich an **Sklavenhändler** aus Salaga weiter verkauft zu werden. Es wird berichtet, dass die Sklavenhändler die hier inhaftierten Menschen sehr gut behandelten und ihnen ausreichend zu essen gaben, nicht etwa aus humanitären Gründen, sondern um einen möglichst guten Preis für ihre „Ware" zu erhalten. Man kann in dem Sklavenlager heute noch die Essensschalen der Inhaftierten sehen sowie den Innenhof, in dem Tänze aufgeführt wurden. Ebenso kann man aber auch den Friedhof sehen, auf dem die verstorbenen Sklaven in **Massengräbern** verscharrt wurden, sowie den Felsen, an dem die Bestrafungen stattfanden. Die Sklaven, welche sich gegen ihre Peiniger aufgelehnt hatten, wurden an Händen und Füßen gefesselt und an diesem Felsen der sengenden Sonne ausgesetzt. Es gab in diesem Lager zahlreiche Aufstände, wovon einige vom Hof des damaligen Paga Pia aus organisiert wurden, der Mitglieder seines Hofes befreien wollte und schon damals gegen den Sklavenhandel war.

Es werden **geführte Touren** durch das Sklavenlager angeboten, wobei die Guides einiges zur Geschichte des Ortes erzählen können. Normalerweise spielen Trommler im Innenhof, die ein kleines Trinkgeld zusätzlich erwarten.

Navrongo

Navrongo liegt etwa 30 Kilometer von Bolgatanga entfernt, nicht weit vom wichtigsten Grenzübergang zu Burkina Faso. Die Stadt wurde im 18. Jahrhundert gegründet und war im 19. Jahrhundert ein wichtiger Handelsposten. Anfang des 20. Jahrhunderts lud der hiesige König die Briten ein, hier einen Militärstützpunkt zu errichten. Die Gegenleistung war, dass sein Volk so vor den Sklavenjägern geschützt war.

Dem **Militärstützpunkt** folgte bald eine **katholische Mission** und so kommt es, dass heute nur etwa 5 Prozent der hiesigen Bevölkerung Moslems sind, während sich der überwiegende Teil der knapp 30.000 Menschen in Navrongo zum Christentum bekennt.

Sehenswert in dieser Grenzstadt ist die **Kathedrale „Our Lady of Seven Sorrows"** (Kirche der schmerzensreichen Mutter). Das Gebäude ist etwa 100 Jahre alt und vollständig aus Lehmziegeln erbaut, die von den Frauen hergestellt werden. Die Steine sind außen mit einer Mischung aus Zement, Kuhdung, Lehm und Fruchtextrakten verkleidet, so dass eine wasserdichte Fassade entstanden ist. Im Innern kann man einfache, aber sehr schöne und gut erhaltene Fresken bewundern.

Weiterhin lohnt sich zumindest für Vogelfreunde ein Ausflug zum Tono See. Hier leben sehr viele verschiedene Vogelarten, vor allem Wasservögel, aber auch Adler und andere endemische afrikanische Spezies.

Wa

Wa liegt im äußersten Nordwesten Ghanas. Es ist die **Hauptstadt der Provinz Upper West** und hat etwas mehr als 100.000 Einwohner. Wa ist eine der ältesten Städte in Ghana.

Bekannt ist Wa für das **Dumba Festival**, das jedes Jahr zur Erntezeit Ende September oder Anfang Oktober stattfindet. Das Hauptereignis dieses Festivals ist eine Zeremonie, bei der der Naa, der Herrscher, über eine am Boden liegende Kuh steigen muss. Berührt er mit einem Körperteil oder Kleidungsstück das Tier, so ist ein schlechtes Jahr zu erwarten. Kommt es zu keinem Kontakt, freuen sich alle Anwesenden auf ein fruchtbares und erfolgreiches neues Jahr.

Von Wa aus sind einige sehr schöne alte Moscheen gut zu erreichen, weshalb auch immer wieder einige Touristen hierherkommen.

Sehenswert in Wa ist der **Palast des Naa**, des hiesigen Königs. Der Palast befindet sich unweit des zentralen Verkehrskreisels mitten in Wa. Das Areal besteht aus zahlreichen Gebäuden mit Flachdächern, die wie eine Festung zusammenstehen. Diese Bauweise ist typisch für den Norden Ghanas. Im 20. Jahrhundert wurde der Palast im **westsudanesischen Stil** erweitert. Er weist einige Ähnlichkeiten mit den Moscheen der Region auf. Der Palast wurde nach dem Tod des Naa Momori Bondiri II. im Jahr 1998 verlassen und bis 2012 nicht genutzt, als der neue Naa, Fuseini Seidu Pelpuo IV., einzog. Durch die lange Zeit des Leerstandes sind Teile des Gebäudes heruntergekommen. Die Außenmauern sind aber dank einer Restaurierungskampagne 2009/2010 in einem sehr guten Zustand.

Die **Alte Moschee** von Wa ist ein weiteres sehenswertes Bauwerk. Sie ist im westsudanesischen Baustil errichtet und erinnert an die berühmte Moschee von Timbuktu. Der hiesige Imam ist sehr gastfreundlich und erlaubt es den Besuchern gerne, Fotos zu machen. Touristen dürfen die Moschee von innen anschauen und auch auf das Dach des Gebäudes steigen.

Auch die **Nakore Moschee**, die etwa sechs Kilometer außerhalb des Stadtzentrums von Wa liegt, lohnt einen Besuch. Sie ist ebenfalls im charakteristischen westsudanesischen Baustil aus einer Holzstruktur und

Lehm erbaut. Die Einheimischen sind stolz auf das Bauwerk, welches sie auf das Jahr 1516 zurückdatieren. Wahrscheinlicher ist, dass die Moschee im 18. oder gar im 19. Jahrhundert erst errichtet wurde. Sie ist jedoch größer als ihr recht bekanntes Gegenstück in Larabanga. Der Imam verlangt umgerechnet etwa 3 Euro Eintrittsgeld und dafür zeigt er seinen Besuchern das Innere sowie das Dach der Moschee.

Ungefähr 40 Kilometer von Wa entfernt liegt die Ortschaft **Wechiau**, die für ihre Nilpferde bekannt ist. Etwa 50 der Tiere leben in einem kleinen See, den man in der Trockenzeit mit einem Kanu befahren kann. Ein kleines **Tourismusprojekt** der Gemeinde stellt die Kanus und ihre Fahrer den Touristen zur Verfügung. Man sollte sich jedoch darüber im Klaren sein, dass die Tiere am Tag selten an Land kommen und man meist nur ihre Nasen, Ohren und Augen aus dem Wasser herausragen sieht. Während der Regenzeit sind die **Nilpferde** so weit in den Seen verteilt, dass man kaum Chancen hat, überhaupt welche zu finden. Die Umgebung von Wechiau und speziell die Landschaft rund um die Teiche ist auch ohne Flusspferde sehr schön. In dem Schutzgebiet leben auch sehr viele Vogelarten.
Es gibt auch einige Unterkünfte zur Auwahl. Das Blue Hill Hotel gehört zu den besser ausgestatteten Häusern. Hier kann man eines der 20 Zimmer mit großzügigem Badezimmer, Klimaanlage und Fernseher schon ab 35 Euro pro Nacht mieten. Das angegliederte Restaurant bietet Mahlzeiten für um die 8 Euro an. Das Upland Hotel hat 40 Zimmer mit großen Betten und Klimaanlage. Das Restaurant gilt als eines der besten in der Stadt, schließt aber bereits um 22 Uhr.

Sambo

15 Kilometer nördlich von Wa liegt das Dorf Sambo. Die kleine Ortschaft ist an sich unauffällig, aber hier gibt es eine größere Kolonie von Hammerkopf-Flughunden. Diese Tiere leben nur selten in der Nähe von menschlichen Siedlungen, sondern meist in Wäldern. In Sambo jedoch sind die Tiere, welche sich trotz ihrer stattlichen Größe ausschließlich von Früchten ernähren, mitten im Dorf in einem riesigen Cashewbaum beheimatet. Die Männchen können eine Flügelspannweite von bis zu einem Meter haben und damit ist der Hammerkopf-Flughund die größte Fledermausart in Afrika.

Kulmasa

Kulmasa liegt etwa 40 Kilometer südlich von Wa. Das Dorf ist weitgehend in der traditionellen Bauweise aus Lehm errichtet. Hier befindet sich einer der bekanntesten Krokodilteiche der Region. Auch hier gibt es wie in Paga ein kleines Tourismusprojekt, das Besuchern den Zugang zu den Teichen und den heiligen Krokodilen ermöglicht. Es ist streng verboten, den Krokodilen etwas anzutun, denn ein Krokodil soll der Legende nach den Gründer von Kulmasa einst auf seinem Rücken über das Wasser gefördert und ihn damit vor seinen Feinden in Sicherheit gebracht haben. Der Eintritt in den Bereich mit den Teichen und den heiligen Tieren kostet etwa 3,5 Euro.

Lawra

Lawra liegt etwa 100 Kilometer nördlich von Wa, nicht weit von der Grenze zu Burkina Faso entfernt. In der Kolonialzeit kam **Lawra** eine gewisse Bedeutung zu, während die Stadt heute eher zum Hinterland zu zählen ist.

Allerdings gibt es hier die berühmtesten **Xylophon-Bauer** des Landes. Wer sich also für dieses Musikinstrument oder das mit ihm verbundene Handwerk interessiert, der kann einen Abstecher in die kleine Stadt Lawra wagen. Wer sich hierher verirrt, sollte die Gelegenheit nutzen und den **Palast des** hiesigen **Naa** besichtigen. In der recht großen Ansammlung von Lehmgebäuden, die zu einem Palast zusammengewachsen sind, kann man als Besucher den amtierenden Naa persönlich treffen. Ganz in der Nähe des Palastes befindet sich ein Gebäude, das schon mehr als 100 Jahre alt ist. Es handelt sich um das **Herrenhaus** des damaligen **kolonialen Verwalters**. Es ist zwar heute ziemlich heruntergekommen, aber es ist eines der größten Kolonialbauten in Ghana.

Im Oktober findet in Lawra ein farbenfrohes Festival am Ende der Erntezeit statt. Es wird **Kobane Festival** genannt und gehört zu den schönsten traditionellen Festen im Norden Ghanas.

Nicht weit entfernt von Lawra, etwa 15 Kilometer südlich, befindet sich die Ortschaft Babile. Sie ist deshalb von Interesse, weil hier etwas außerhalb der Siedlung der **Wuling Pilzfelsen** steht. Der Felsen erinnert von seiner Form her tatsächlich stark an einen vier Meter hohen Pilz. Um ihn herum liegen weitere Felsen und es lohnt sich, einen kleinen Spaziergang durch die Landschaft zu unternehmen.

Tumu

Tumu ist wohl die **abgelegenste Stadt in Ghana**. Sie liegt ebenfalls nur wenige Kilometer von der Grenze zu Burkina Faso entfernt. Hier leben die Menschen vom Stamm der **Sissala**. Es gibt Pläne, hier Nilpferde in einem der Seen anzusiedeln, um der Stadt ein touristisches Highlight zu geben.

Bisher kommen Touristen eigentlich nur zweimal im Jahr nach Tumu, nämlich zu den beiden Festivals. Das **Naba Gbiele** Festival findet im Januar oder Februar statt, das **Paari Gbiele** im März. Es handelt sich bei beiden Feierlichkeiten um besonders farbenfrohe Festivals, bei denen traditionelle Tänze aufgeführt werden. Der Tumu Kuoro, der hiesige Chief, nimmt stets an den Feierlichkeiten teil.

In Tumu gibt es das Sildep Guesthouse, für den Fall, dass ein Gast nicht in Wa übernachtet, sondern hierbleiben möchte. Das kleine Haus hat 19 saubere, aber einfache Zimmer mit Ventilator oder Klimaanlage für um die 10 Euro pro Nacht.

Gwollu

Gwollu liegt 30 Kilometer nordwestlich von Tumu. Hier befindet sich das beste Beispiel der in konzentrischen Ringen errichteten Festungsmauern des 19. Jahrhunderts. Die Mauern von Gwollu wurden vom **Kuoru Tanjia Limann** errichtet, um das Volk gegen die Angriffe der Sklavenhändler zu verteidigen.

Die innere Mauer schützt das eigentliche Dorf mit den Wohnhäusern. Die äußere Wand wurde später errichtet, um auch das den Ort umgebende Farmland und die Quellen zu schützen. Teilweise sind die Mauern umgestürzt, teilweise wurden sie in neuere Gebäude integriert. Aber es stehen noch größere Abschnitte, unter anderem ein **acht Meter langer Mauerabschnitt**, der mit seinen vier Metern Höhe recht eindrucksvoll ist.

Die einstige **Stadtmauer** wurde zu einer erhaltenswerten Sehenswürdigkeit erklärt und ist seit einigen Jahren das Herzstück eines **Tourismusprojektes** der Gemeinde. Es gibt ein Besucherzentrum und ein kleines Museum. Man kann hier nicht nur den Palast des **Kuoru von Gwollu,** des hiesigen Königs und die Schutzmauer besichtigen, sondern auch das Grab des ehemaligen Präsidenten **Hilla Limann** sehen, der ein Bruder des hiesigen Kuoru war. Hierzu braucht man jedoch die Genehmigung der Dorfältesten und man muss eine kleine Spende hinterlassen.

Gbele Schutzgebiet

Das **Schutzgebiet von Gbele** liegt südlich von Tumu. Die Straßen im Schutzgebiet sind zwar nicht besonders gut ausgebaut, aber man kann sich hier noch verhältnismäßig gut fortbewegen. Bei Regen ist ein Fahrzeug mit Allradantrieb jedoch unerlässlich. Ursprünglich wurde das Schutzgebiet 1975 eingerichtet, um die letzte Gruppe von **Pferdeantilopen** zu bewahren, die es in Ghana noch gab. Diese seltene Antilopenart lebt noch immer in Gbele, aber die Population ist nicht besonders groß, so dass man etwas Glück haben muss, um eines der Tiere zu sehen.

Durch das Schutzgebiet von Gbele führt einer der Korridore, auf denen die Elefanten zwischen Burkina

Faso und dem Mole Nationalpark wandern. Zudem gibt es Wasserböcke, Buschböcke, Warzenschweine, Paviane und kleinere Primaten in Gbele. Am **Wahabu Camp** befindet sich auch die Wahabu Rangerstation, wo Touristen geführte Touren und Spaziergänge durch den Park buchen können. Neben den wenigen Säugetieren gibt es sehr viele Vogelarten in Gbele. Um zum Eingang des Schutzgebietes zu gelangen, fährt man am besten direkt zum Wahabu Camp, das einem Eingang noch am nächsten kommt. Der Eintrittspreis beträgt etwa 5 Euro pro Person. Die Ranger verlangen 1,5 Euro pro Stunde. Das Camp liegt am Kulpawn Fluss und ist über eine Straße von Tumu aus nach etwa 60 Kilometern erreichbar.

Tanzende Ashaiti

Praktische Tipps

Anreise

Accra wird von verschiedenen Fluggesellschaften angeflogen, unter anderem von Delta, Egypt Air, British Airways, Alitalia, KLM, Emirates, South African Airlines, TAP Portugal, Kenya Airways, Iberia, Ethiopia Airlines, Lufthansa und Turkish Airlines.

Aktuell gibt es keine Direktflüge aus dem deutschsprachigen Raum nach Ghana. Man muss mindestens einmal umsteigen. Je nach Airline findet dieser Zwischenstopp entweder in London, Brüssel, Kairo, Istanbul, Addis Abeba, Johannesburg, Nairobi oder Dubai statt.

Je nachdem, welche Art von Reise man unternimmt, kann es auch sein, dass man Ghana nicht mit dem Flugzeug, sondern mit einem Fahrzeug von einem der Nachbarländer aus erreicht. Ghana hat Grenzübergänge zur Elfenbeinküste, zu Togo und zu Burkina Faso.

Der wichtigste Grenzübergang zwischen der **Elfenbeinküste** und Ghana ist **Elubo**. Dieser liegt auf der Hauptverkehrsstraße zwischen Accra und Abidjan. Wer auf dem Weg von Ghana in die Elfenbeinküste ist, dem wird empfohlen, die Grenze früh am Morgen zu überqueren, um noch bei Tageslicht in Abidjan anzukommen. Der Weg ist noch recht weit und es gibt vor Abidjan praktisch keine Möglichkeit, in einem halbwegs passablen Hotel unterzukommen.

Wer von der Elfenbeinküste nach Ghana einreist, der muss selbstverständlich an der Grenze sein Visum vorzeigen. Dies gilt natürlich gleichermaßen für alle

Grenzübergänge und alle Arten der Einreise. Auch für die Elfenbeinküste ist ein Visum im Voraus zu beantragen.

Der wichtigste Grenzübergang zwischen **Togo** und Ghana ist **Aflao**. Von dort aus kann man die togolesische Hauptstadt Lomé quasi zu Fuß erreichen. Etwas weiter nördlich gibt es einen zweiten viel frequentierten Grenzübergang in der Nähe von **Ho** und einen weiteren bei Kpalime sowie bei Kpadape.

Von **Burkina Faso** aus kann man die Grenze nach Ghana in **Paga** überqueren. Die nächstgrößere Stadt in Ghana ist Bolgatanga, von wo aus Sammeltaxis nach Paga fahren. Der Grenzübergang schließt täglich um 18 Uhr.

Visa

Für die Einreise nach Ghana wird ein **gültiger Reisepass** benötigt. Auch der vorläufige Reisepass wird von den ghanaischen Behörden akzeptiert. Die Reisedokumente müssen mindestens sechs Monate über das Ausreisedatum hinaus gültig sein. Zusätzlich ist ein Visum erforderlich sowie ein Nachweis über die **Impfung gegen Gelbfieber** (Impfpass).

Das Visum muss im Vorfeld der Reise bei der zuständigen **ghanaischen Botschaft** eingeholt werden. Die Visa, die von der Botschaft erteilt werden, haben eine Gültigkeit von zwei Monaten. Bei der Einreise wird die Gültigkeit vom lokalen Zollbeamten oft auf 30 Tage herunter gesetzt. Dies sollte man beim Berechnen seiner Urlaubsaufenthalte und Fristen beachten. Eine Verlängerung des Visums kann man in der

Hauptstadt Accra beim „Immigration service" beantragen.

Dem **Visaantrag** sind zwei Passfotos beizufügen. Für einen eventuellen Verlängerungsantrag benötigt man wiederum zwei Passfotos. Das Touristenvisum, welches im Vorfeld beantragt werden muss, kostet aktuell etwa 120 Euro für die **einmalige Einreise** und 180 Euro für ein Visum, das zur **mehrmaligen Einreise** berechtigt.

Wer sich über die Gültigkeit seines Visums hinaus in Ghana aufhält, riskiert empfindliche Geldstrafen und wird außerdem beim nächsten Mal, wenn er ein Visum für Ghana beantragt, Schwierigkeiten haben, eines zu erhalten. Am Tag der Ausreise muss das Visum noch gültig sein.

Impfungen

Für die Einreise nach Ghana wird ein Zertifikat über die Impfung gegen **Gelbfieber** verlangt, welches nicht älter als 10 Jahre sein darf. In der Praxis wird dieses Zertifikat zwar nur in sehr seltenen Fällen verlangt, aber es ist offiziell vorgeschrieben, es parat zu haben.

Weitere Impfungen sind nicht offiziell notwendig, aber sinnvoll. Wer nach Ghana reist, sollte seinen Impfschutz gegen Tetanus, Polio (Kinderlähmung), Diphtherie und Hepatitis A und B überprüfen.

Je nachdem, wie lange und wie intensiv man in Ghana unterwegs sein möchte, kann in einigen Fällen eine Impfung gegen Cholera oder Tollwut ratsam sein, dies jedoch nur dann, wenn man plant, in hygienisch bedenklichen Gegenden oder sehr intensiv in der freien Natur unterwegs zu sein.

Eine Impfung gegen Malaria gibt es bekanntlich nicht. Da aber ganz Ghana im Grunde ganzjährig als Risikogebiet für Malariainfektionen gilt, ist eine Prophylaxe sinnvoll. Hier gibt es verschiedene Medikamente, unter anderem Lariam und das teurere, aber besser verträgliche Malarone sowie entsprechende Generika.

Ärztliche Versorgung

In Ghana ist die medizinische Versorgung nicht mit der in Europa zu vergleichen. Es gibt jedoch in den größeren Städten private Kliniken, Praxen und Apotheken, die auch englisch sprechende Ärzte beschäftigen. Die Preise für eine Behandlung sind verglichen mit Europa günstig.

Man sollte sich jedoch nicht darauf verlassen, die gewohnte Medizin in Ghana kaufen zu können. Wer also irgendein Medikament benötigt oder ein bestimmtes Mittel gegen Durchfall, gegen Reisekrankheit oder andere mögliche Beschwerden gewöhnt ist, der sollte dieses von zu Hause aus mitbringen.

Verhaltensregeln

Wie in allen Ländern gibt es auch in Ghana eine bestimmte **Etikette**, an die sich die Einheimischen halten. Natürlich wird bei Touristen immer gerne eine Ausnahme gemacht und ihnen wird vieles verziehen. Dennoch schadet es nichts, sich ein wenig mit den örtlichen Gepflogenheiten auseinanderzusetzen, um nicht versehentlich jemanden zu beleidigen.

Besonders im Norden des Landes gilt es als extrem unhöflich, die **linke Hand** zu benutzen. Wer also jemandem etwas reicht oder jemanden berührt, sollte dazu immer die rechte Hand nehmen. Diese Regel kommt aus dem muslimischen Kulturbereich, welcher vor allem Nordghana in den vergangenen Jahrhunderten stark beeinflusst hat.

Begrüßungsrituale sind in Ghana weitaus umfangreicher ausgebildet als in Europa. Vor allem älteren Menschen gegenüber wird eine gewisse **Respektbezeugung** erwartet. Auf einem Markt, beim Fragen nach dem Weg oder bei jeder herkömmlichen Situation im Alltag wird es als unhöflich erachtet, unvermittelt mit seinem Anliegen oder seiner Frage herauszuplatzen. Zunächst wird ein Gruß entrichtet, dann wird nach dem Befinden gefragt und erst nach einem kurzen Gespräch kommt man auf sein eigentliches Anliegen zu sprechen. Man sollte sich in Ghana vor allem auf dem Land nicht wundern, wenn man von allen Passanten mit einem freundlichen „Hallo" begrüßt wird. Es ist durchaus üblich, jeden, dem man über den Weg läuft, zu grüßen.

Lange Zeit war es Usus, dass ein Gast, der in einem Dorf übernachtet oder die Gegend besichtigt, sich persönlich beim König oder **Dorfältesten** vorstellt. Seit der Tourismus zumindest ein klein wenig verbreitet ist, wird von dieser Sitte weitestgehend Abstand genommen. Nur in sehr abgelegenen Dörfern kann es vorkommen, dass man gebeten wird, den jeweiligen Dorfältesten kurz aufzusuchen. Meist wird dann vom Gast auch ein **Geschenk** erwartet, das in Form von Kolanüssen, Schnaps oder einfach 1-2 Dollar entrichtet werden kann. Im Gegenzug wird auch dem Gast ein Getränk angeboten. Bevor man dieses Getränk (meist eine Art lokaler Gin) trinkt, muss man die ersten Tropfen auf den Boden schütten, um die Geister zu ehren. Bei den meisten Stämmen wird es als beleidigend empfunden, wenn ein Gast im Sitzen die Beine überkreuzt. Außerdem gilt es als höflich, alle Arten von **Kopfbedeckung** in der Gegenwart des Dorfältesten abzunehmen.

Generell sind die Menschen in Ghana als sehr freundlich bekannt. Dies gilt sowohl für ihr Verhalten untereinander als auch gegenüber Fremden. Menschen, die in Touristen nur potentielle Geldquellen sehen, sind bisher in Ghana wirklich noch die Ausnahme und in den allermeisten Fällen ist eine Kontaktaufnahme von Neugierde und nicht von Berechnung motiviert. Wer sich als Tourist dennoch belästigt fühlt, der kann ruhig und entschieden ablehnen, was in den allermeisten Fällen ohne Widerrede akzeptiert wird. Es ist wichtig, immer höflich zu bleiben, auch wenn man ein deutliches Nein von sich gibt.

Vorsichtsmaßnahmen

Die Kriminalität betreffend ist Ghana ein **recht sicheres Reiseland.** Eine wirkliche Gefahr für Reisende stellen eher die Moskitos und die durch sie übertragenen Krankheiten wie Malaria dar. Auch Verkehrsunfälle kommen vor und daher wird im Straßenverkehr immer zu einer gewissen Vorsicht geraten.
Die Kriminalitätsrate in Ghana ist verhältnismäßig gering und Diebstähle oder Überfälle auf Touristen sind die Ausnahme. Natürlich gibt es in Accra und in den Touristenzentren am Meer **Taschendiebe,** die es

auf die Wertsachen von Touristen abgesehen haben, allerdings nicht mehr als in anderen Großstädten oder an anderen Touristenzielen. Daher sollten Touristen stets auf ihre **Wertsachen** achten, vor allem an Plätzen, wo viel Gedränge herrscht, wie Märkte oder im öffentlichen Verkehr. Man sollte es vermeiden, Geld in den Hosentaschen mit sich zu führen und davon absehen, seine teuren Schmuckstücke offen zur Schau zu tragen. Nach Einbruch der Dunkelheit ist es in Accra sicherer, mit dem Taxi zu fahren als zu Fuß zu laufen, vor allem, wenn man sich in der Gegend nicht auskennt.

Die **afrikanische Bürokratie** ist auch in Ghana ein Problem. Korruption und Bestechung sind an der Tagesordnung, auch wenn Touristen damit nur in Ausnahmefällen in Berührung kommen. Trotzdem kann man auch als Tourist unter dem extrem ineffizienten Bürokratiesystem des Landes leiden. Wer mit Behörden oder Verwaltungen zu tun hat, sollte stets viel Geduld mitbringen und immer höflich bleiben. Ein arrogantes oder gar aggressives Auftreten erschwert die Prozedur nur zusätzlich.

An manchen Stränden in Ghana besteht das Risiko, in eine **starke Strömung** zu geraten. Dies gilt auch für die Strände, die als Zonen zum Schwimmen ausgewiesen sind. Generell sind die Wetterbedingungen und Gezeitenbewegungen in der Regenzeit ungünstiger. Von Juli bis Oktober kann es stellenweise wirklich gefährlich sein, an der Küste zu schwimmen.
Dazu kommt, dass an den meisten Stränden keine Bademeister oder anderes Sicherheitspersonal zugegen sind, die im Notfall eingreifen könnten. Nur selten

(an einigen Hotelstränden) findet man ein Flaggensystem, das anzeigt, ob die Bedingungen zum Baden geeignet sind. Wenn die Wellen hoch sind, es windig ist oder das Meer irgendwie unruhig erscheint, sollte man also im Zweifelsfall davon absehen, ins Wasser zu gehen.

Alleinreisende Frauen haben in Ghana in der Regel nichts zu befürchten. Die Menschen sind meist sehr freundlich und viele werden ihre Hilfe anbieten, wenn sie sehen, dass eine Frau alleine unterwegs ist. Natürlich kommt es auch vor, dass ein Mann einen Flirt wagt und nicht selten werden **Heiratsanträge** formuliert. Wenn die Frau nicht interessiert ist, reicht es in der Regel aus vorzugeben, man sei bereits verheiratet. Am besten erfindet man auch noch ein paar Kinder dazu, denn eine verheiratete Frau ohne Kinder erzeugt in Ghana Erstaunen und die Männer beginnen dann sich selbst als einen „besseren", also produktiveren Ehemann vorzuschlagen.

In den Gegenden, in denen der Islam vorherrscht, wird von Touristen, insbesondere von Frauen, erwartet, dass sie sich **nicht allzu freizügig kleiden**. Kurze Arme und Shorts werden keine große Aufmerksamkeit auf sich ziehen, aber **bauchfreie** T-Shirts können Anstoß erregen, weil die Frauen in Ghana oft ihren Rosenkranz um die Taille tragen und diese Körperregion als besonders sensibel betrachtet wird.

Ein Thema, das generell alle Frauen betrifft, die nach Ghana reisen, sind **Hygieneartikel**. Tampons und andere Artikel, wie man sie in Europa in jedem Supermarkt erhält, sind in Ghana nicht überall zu finden. Am besten bringt man also einen ausreichenden Vorrat mit. Das tropische Klima hat auf manche Frauen die Wirkung, dass die Periode heftiger oder länger ausfällt als zu Hause. Darauf sollte man vorbereitet sein und es ist normalerweise kein Grund, sich Sorgen zu machen.

Homosexuelle Reisende müssen in Ghana besonders achtsam sein, denn leider sind sexuelle Handlungen zwischen zwei Männern in Ghana noch immer eine Straftat. Im schlimmsten Fall kann eine Gefängnisstrafe von bis zu 25 Jahren verhängt werden.
Das Gesetz ist deutlich weniger klar, wenn es um sexuelle Handlungen zwischen Frauen geht. Trotzdem reagieren die Menschen in Ghana sehr empfindlich auf die Zurschaustellung von Zuneigung zwischen gleichgeschlechtlichen Paaren, egal ob es sich um Einheimische oder Touristen handelt. In einigen Hotels werden zwei Männer kein Hotelzimmer teilen können, egal ob sie ein Paar sind oder nicht. Zahlreiche religiöse Prediger schüren diese Haltung durch ihre öffentliche Verteufelung von Homosexualität. So traurig es ist: am besten verhalten sich homosexuelle Paare, die Ghana bereisen, sehr zurückhaltend.

Die Sonne stellt einen nicht unerheblichen Risikofaktor dar. Effektiver **Sonnenschutz** in Form von Hüten, Kleidung und vor allem Sonnenschutzcreme ist in jedem Fall für Europäer, die Ghana besuchen, zu empfehlen.

Durchfallerkrankungen kommen bei Touristen in Ghana regelmäßig vor. Um sich davor zu schützen, sollte man nur **gekochte oder gebratene Lebensmittel** zu sich nehmen und auf jeden Fall **Mineralwasser** aus Flaschen trinken. Auch zum Zähneputzen ist es empfehlenswert, auf Mineralwasser zurück zu greifen. Regelmäßiges Händewaschen und das Benutzen von Desinfektionsmittel kann ebenfalls einen sinnvollen Beitrag leisten, um Unannehmlichkeiten zu vermeiden.

In Ghana sind sehr viele Gewässer von **Bilharziose** betroffen. Am besten vermeidet man das Bad in stehenden Gewässern, aber auch in Seen, Teichen und Becken, in denen die lokale Bevölkerung badet oder ihre Wäsche wäscht, denn wo infizierte Menschen im Wasser waren, besteht ebenfalls eine Ansteckungsgefahr. Wenn es sich nicht vermeiden lässt, sollte man auf jeden Fall nicht länger als zehn Minuten im Wasser bleiben und sich sehr gründlich abtrocknen. Auch wasserabweisende Insektenschutzmittel können helfen, eine Ansteckung zu verhindern. Im Meer, also in Salzwasser, besteht keine Gefahr.

Insgesamt ist der Schutz vor **Insektenbissen** sehr wichtig für Reisende in Ghana. Nicht nur die Anopheles Mücke, die **Malaria** überträgt, sondern auch zahlreiche andere Insekten, die weitere Krankheiten übertragen, sind hier aktiv. Vor allem in der Dämmerung und der Nacht sollte man lange Kleidung tragen, die man am besten mit einem Insektenrepellent besprüht. Man sollte immer unter einem **Fliegennetz** schlafen und am besten die Regenzeit meiden, wenn mehr Insekten aktiv sind als in der Trockenzeit.

HIV ist in Ghana wie in vielen afrikanischen Ländern ein großes Problem. Das Ansteckungsrisiko bei ungeschütztem Geschlechtsverkehr ist enorm hoch. Kondome sind überall in Ghana erhältlich.

Zollbestimmungen

Touristen dürfen alle Gegenstände für den persönlichen Gebrauch **zollfrei** einführen, zudem darf jeder Reisende zwei Liter Wein und einen Liter Spirituosen mitbringen. Auch eine Stange Zigaretten bleibt vom Zoll befreit. Devisen dürfen in unbegrenzter Höhe ins Land gebracht werden.

Bei der Ausreise achtet der Zoll darauf, dass Devisen, die ausgeführt werden sollen, bei der Einreise deklariert worden sind. Die Landeswährung Cedi darf nur in sehr geringen Mengen außer Landes gebracht werden. Zuletzt waren dies nur fünf Cedi. Für Antiquitäten, Gold, Silber und andere **Edelmetalle** benötigt man bei der Ausfuhr eine besondere Exportgenehmigung. Im Zweifelsfall sollte man sich bei der Botschaft über die aktuellen Bestimmungen informieren.

Transport

Der Bahnverkehr zwischen Accra und Kumasi wurde 2006 aufgrund hoher Ölpreise eingestellt und seither nicht reaktiviert. Es gibt Flüge zwischen Accra und Kumasi, Takoradi, Tamale und einigen anderen Städten. Ein einfacher nationaler Flug kostet zwischen 50 und 80 Euro. Die Fluggesellschaften heißen Starbow, Antrak Air und Fly 540. Flüge können interessant sein, wenn man eine längere Strecke zurücklegen will. Generell ist der Transport mit Bussen und Taxis die gängige Fortbewegungsmethode.
Auf den Hauptstrecken zwischen den größeren Städten verkehren verschiedene Buslinien, Kleinbusse, die

Trotros genannt werden, und Sammeltaxis. In den meisten Städten gibt es relativ zentral gelegen einen Busbahnhof. Wer sich auf das Abenteuer des öffentlichen Transports einlässt, wird feststellen, dass das Reisen in Ghana sehr günstig ist, dass es relativ schnell voran geht, wenn man erst einmal losgefahren ist, dass es aber oft auch einiges an den Sicherheitsstandards auszusetzen gibt. Feste Fahrpläne gibt es nicht, deshalb erscheint alles auf den ersten Blick sehr chaotisch. Die Busse fahren erst dann los, wenn sie voll sind. Dadurch kann es zu längeren Wartezeiten kommen. Die Verspätung versuchen die Fahrer dann leider aufzuholen, indem sie besonders waghalsig und schnell fahren.

Taxifahrten sind verhältnismäßig günstig in Ghana. Die meisten Taxis, egal ob auf den Landstraßen oder in der Stadt, funktionieren nach dem Prinzip, dass sie erst dann losfahren, wenn sie voll besetzt sind. In manchen Fällen ist es jedoch für Touristen angenehmer, ein privates Taxi zu nehmen. Wenn man zum Beispiel zum Flughafen möchte, sollte man schon beim Bestellen des Taxis betonen, dass man einen privaten Transfer wünscht. Dieser ist dann etwas teurer (entweder zahlen fünf Personen je einen Euro oder eben eine Person fünf Euro). Etwas günstiger als ein Taxi ist die Fahrt mit dem Motorroller, von denen ebenfalls zahlreiche als Taxi unterwegs sind. Wer ohne Gepäck reist, kann so Geld sparen und kommt außerdem schneller voran. Die Fahrer sind jedoch oft sehr waghalsig und nicht alle stellen ihren Passagieren einen Helm zur Verfügung.

Unterkünfte

Gemessen am internationalen Standard sind die Hotels in Ghana von schlechter Qualität und dafür recht teuer. Nur in Accra, Takoradi, Kumasi und in den Touristenorten an der Küste gibt es einige Hotels und Resorts, die einem gehobenen Standard von vier bis fünf Sternen auch wirklich entsprechen. Diese sind aber auch meist sehr teuer.

Leider findet man in den meisten herkömmlichen Hotels oft unmotivierte Mitarbeiter, unzureichende Sauberkeit, eine marode Ausstattung und eine schlechte Versorgung mit Strom und Wasser. Mit etwas Glück und den Tipps in diesem Reiseführer findet man aber auch fast überall hübsche einfache Unterkünfte, Strandresorts der mittleren Preisklasse und familiär betriebene Bed & Breakfast-Unterkünfte, in denen Touristen einen angemessenen Standard zu einem erschwinglichen Preis erhalten. Mit einem Tagesbudget von 20-30 Euro pro Person kann man Räumlichkeiten mit Ventilator und für 30-40 Euro meist auch eine Klimaanlage, fließendes warmes Wasser und Fernseher erwarten. Wer sich mit wenig Komfort zufrieden gibt, kann für 10-15 Euro fast überall günstige und sehr einfache Hotels finden. In diesen Hotels gibt es oft keine Bettdecken, sondern nur einen Matratzenbezug.

Gepäck

Für die Reise nach Ghana ist das Zusammenstellen des Gepäcks die übliche Gratwanderung, alles Nötige, aber eben nicht zu viel einzupacken.

Wegen der sommerlichen Temperaturen braucht man nicht viel Kleidung mitzunehmen. Eine leichte Jacke für die Abendstunden reicht aus. Ansonsten werden leichte T-Shirts aus Baumwolle und bequeme Hosen empfohlen. Um sich vor Insektenstichen zu schützen, sind lange Hosen und auch langärmelige Oberteile empfehlenswert, am besten in gedeckten Farben. Bequeme Schuhe gehören ins Gepäck ebenso wie **Toilettenartikel** (die man nicht überall nachkaufen kann) und eine kleine Reiseapotheke.

Ein Reiseadapter kann nützlich sein. Wer besonders sensible Elektrogeräte oder Kameras benutzt, sollte einen **Spannungsregler** mitnehmen, weil die Stromspannung (üblicherweise 220 Volt) nicht immer konstant ist. Auch eine Taschenlampe für Stromausfälle ist sinnvoll.

Nicht alle Hotels stellen ihren Gästen auch Handtücher zur Verfügung. Vor allem in den günstigeren Etablissements auf dem Land kann es ratsam sein, sein eigenes **Handtuch** dabei zu haben.

Sonnencreme mit einem hohen Lichtschutzfaktor und Insektenschutzmittel sind unbedingt zu empfehlen. Je nachdem, ob man auch in abgelegene Regionen fährt und ob man in der moskitoreichen Regenzeit unterwegs ist, kann es sinnvoll sein, ein **Moskitonetz** mitzunehmen, weil nicht alle Hotels ihre Zimmer damit ausstatten.

Für die Kamera oder Videokamera sollte jeder passende **Batterien, Akkus und Speichermedien** mitnehmen, weil es nicht sicher ist, dass man außerhalb von Accra diese Dinge genau passend für jeden Kameratyp kaufen kann.

Kommunikation und Internet

Im Jahr 2008 wurde das ghanaische **Telefonnetz** privatisiert und es wird seither von Vodafone Ghana betrieben. Das Festnetz funktioniert recht zuverlässig. Zudem gibt es mehrere Mobilfunk- und Internetanbieter: Vodafone, Tigo und MTN.
Eine lokale SIM-Karte für das Telefon zu kaufen, lohnt sich dann, wenn man mehrmals zu Hause anrufen möchte. Die Mobilfunknummern in Ghana beginnen immer mit 02 oder 05. Die Landesvorwahl von Ghana lautet +233.
Viele Hotels haben keine Festnetztelefone auf den Zimmern, einfach weil die Nachfrage seit dem Ausbau des Mobilfunknetzes kaum noch vorhanden ist. Oft hat auch die Rezeption kein Festnetz mehr und die Kontaktnummer des Hotels ist einfach die Handynummer des Managers.

Briefe und Postkarten zu verschicken ist verhältnismäßig günstig und zuverlässig. Die Sendungen sind jedoch meist sehr lange unterwegs. Eine Postkarte kann zwischen einer und drei Wochen brauchen, bis sie in Europa ankommt. Eigenartigerweise brauchen Sendungen von Europa nach Ghana oft fünfmal so lange.

Das Mobilfunknetz ist wie gesagt recht gut ausgebaut und bietet daher auch fast überall in Ghana den Zugang zum **Internet** über Smartphones und Tablets. Viele bessere Hotels bieten ihren Gästen kostenloses WIFI an. In Accra und anderen Städten stehen zudem zahlreiche Internetcafés zur Verfügung, die ihre Dienste recht günstig anbieten. Die Verbindungen sind im Vergleich mit Europa oder Nordamerika langsam, aber stabil und das Netz wird stetig ausgebaut und verbessert.

Feiertage

Einige der Feiertage in Ghana richten sich nach dem christlichen Kalender oder nach dem islamischen Mondkalender. Der islamische Fastenmonat Ramadan und das Opferfest sowie Ait Al Fitr zum Beispiel verschieben sich jedes Jahr um 11 Tage. Während des Ramadan haben viele Restaurants geschlossen und vielerorts sind in dieser Zeit Zigaretten und Alkohol nicht erhältlich. Daher sollte man bei seiner Reiseplanung auch darauf achten, wann der Fastenmonat Ramadan fällt.

Die gesetzlichen Feiertage in Ghana sind:
1. Januar: Neujahr
6. März: Unabhängigkeitstag
Karfreitag und Ostermontag
1. Mai: Tag der Arbeit
25. Mai: Afrikatag
1. Juli: Tag der Republik
Erster Freitag im Dezember: Tag der Landwirte
25. Dezember: Weihnachten

Ait Al Fitr (Tag des Fastenbrechens am Ende des Ramadan) und Ait Al Adha (das Opferfest) verschieben sich jedes Jahr um 11 Tage.
Nächste Daten für den Ramadan:
2017: 26. Mai – 24. Juni
2018: 16. Mai – 14. Juni
2019: 6. Mai – 4. Juni
2020: 24. April – 23. Mai
2021: 13. April – 12. Mai
2022: 3. April – 2. Mai
2023: 23. März – 21. April
2024: 11. März – 9. April

In Ghana kann es in unregelmäßigen Abständen vorkommen, dass von der Regierung kurzfristig und einmalig ein nationaler Feiertag ausgerufen wird. Diese fallen meist auf einen Montag und können aus den unterschiedlichsten Gründen bekannt gegeben werden.
Auch in dem Fall, dass ein Feiertag auf ein Wochenende fällt, ist der darauffolgende Montag ein Feiertag. Dann haben alle Banken und viele Geschäfte geschlossen und der öffentliche Verkehr ist beeinträchtigt.

Zeitzone

Ghana liegt in der GMT / UTZ Zeitzone. Es gibt keine Umstellung von Sommerzeit auf Winterzeit.
Im Sommer besteht also zwischen Deutschland und Ghana kein Zeitunterschied. Im Winter ist Deutschland Ghana eine Stunde voraus.

Beste Reisezeit

Die beste Zeit, um Ghana zu bereisen, ist während der Wintermonate. Von Oktober bis April ist es zwar nicht deutlich kühler als im Sommer, aber in diesen Zeitraum fällt die Trockenzeit, was das Reisen entsprechend angenehmer macht.

Ein weiterer Vorteil in der Trockenzeit ist, dass es weniger Moskitos gibt als in der Regenzeit im Sommer, was auch das Ansteckungsrisiko für die verschiedenen von Mücken übertragenen Krankheiten verringert. Zudem sind in der Trockenperiode die Straßen in einem besseren Zustand, weil nicht das Risiko besteht, dass sie von einer Schlammlawine versperrt werden oder sich selbst in schlammige, unpassierbare Pisten verwandeln. Auch für Tierbeobachtungen ist die Trockenzeit besser geeignet als der Sommer, weil dann das Gras weniger hoch ist und auch mehr Vogelarten in Ghana vorhanden sind.

Der einzige Nachteil bei einer Reise in der Trockenzeit sind die zeitweise auftretenden Harmattan-Winde, die Sand aus der Sahara in die Region bringen und oft tage- und wochenlang die Sicht verschlechtern können. Der Harmattan tritt meist in der Zeit von Dezember bis Februar auf. Je nachdem, welche Art von Reise man unternimmt, muss dies nicht unbedingt eine Beeinträchtigung sein, aber verschiedene Aussichten von Bergen sind im Sommer bei klarem Wetter sicherlich spektakulärer als im Winter, wenn der Harmattan Sand mit sich bringt.

Elektrizität

Die Netzspannung in Ghana beträgt 230 Volt und 50 Hertz, wie auch in Deutschland. Man kann also alle Geräte ohne Bedenken anschließen. Ein Adapter ist jedoch nötig, weil die Steckdosen für dreipolige Stecker vom Modell D und G gemacht sind. Adapter kann man für wenige Cent auf den Märkten, in den Shops und in vielen Hotels kaufen.

Einkaufen

Supermärkte, wie sie in Europa allgegenwärtig sind, gibt es in Ghana kaum. In den größeren Ansiedlungen stehen kleinere Läden zur Verfügung, in denen man Lebensmittel kaufen kann. Am besten deckt man sich jedoch in den Städten mit allem ein, bevor man aufs weniger besiedelte Land fährt.
An Souvenirs hat man eine begrenzte Auswahl. Auch hier gibt es eigentlich nur in den Städten, wo Touristen hin und wieder vorbei kommen, die Gelegenheit, etwas zu kaufen. Beliebt sind Holzschnitzereien, Schmuck und natürlich die tollen Stoffe der Ashanti.

Geld und Reisekasse

Die Währung in Ghana heißt **Cedi** (offizielles Kürzel GHS). Das Wort leitet sich von dem Akan Wort Sedi ab, welches Kaurimuschel bedeutet. Die Kaurimuschel war zwischen dem 15. und 20. Jahrhundert in ganz Westafrika ein Zahlungsmittel.

Ein Cedi ist unterteilt in **100 Pesewa**. Es gibt Scheine zu 1, 2, 5, 10, 20 und 50 Cedi, sowie Münzen zu 1, 5, 10, 20 und 50 Pesewa.

Es gab in der Geschichte von Ghana schon verschieden Versionen des Cedi und eine Weile lang auch das Ghanaische Pfund. Der alte Cedi (GHC) wurde 2007 nach einer langen Periode der Entwertung durch den **neuen Cedi** ersetzt. Auch seither sinkt der Wert der ghanaischen Währung weiter. 2007 lag der Cedi ungefähr gleichauf mit einem US Dollar. 2013 war sein Wert bereits um etwa die Hälfte gesunken. Anfang 2016 bekam man für einen Euro etwa 4,2 Cedi.

In manchen abgelegenen Dörfern findet man noch die alten Geldscheine und hin und wieder auch Preise, die in den alten Cedi-Werten ausgezeichnet sind. Im Zweifelsfall muss man hier mehrmals nachfragen.

Traveller Schecks werden in Ghana von den meisten Banken zwar akzeptiert, sind aber in Ghana nur sehr wenig gebräuchlich. Um lange komplizierte Besuche auf der Bank zu vermeiden, führt man am besten eine Kombination aus Kreditkarte und etwas Bargeld (in Euro, Dollar oder Schweizer Franken) mit sich, das man in die lokale Währung umtauschen kann, wenn kein Geldautomat vorhanden ist. In allen größeren Städten gibt es **Geldautomaten**. Visa ist dabei die Karte, die am häufigsten akzeptiert wird. Mastercard wird stellenweise angenommen. Mit einer American Express Karte oder anderen Karten kann es sehr schwierig werden, Bargeld zu bekommen.

Abgesehen vom Geldabheben an Geldautomaten sind Kreditkarten in Ghana wenig nützlich, denn außer in wenigen teuren Hotels wird die Zahlung per Karte fast nirgends akzeptiert. Man sollte sich also, bevor man in eine weniger bevölkerte Gegend begibt, in der Stadt mit ausreichend Bargeld versorgen.

Geld wechseln kann man in Banken und an Wechselstuben, die es in jeder größeren Stadt, in Touristenzentren und an den Grenzübergängen gibt. In der Regel sind die **Wechselkurse** bei kleineren Scheinen etwas schlechter als bei größeren Scheinen (50 Euro oder 50 US Dollar Scheine). Die Wechselkurse sind in Accra zum Beispiel besser als in einem kleinen Dorf an der Küste, wo es keine Konkurrenz durch andere Wechselstuben oder Banken gibt.

Die **Preise in Ghana** sind bis auf wenige teure Hotels und einige Autovermietungen in der lokalen Währung angegeben und sind auch in Cedi zu zahlen.

Die Preisangaben in Hotels, Restaurants, öffentlichen Transportmitteln und in den meisten Geschäften sind Fixpreise. Auf den Märkten und bei privaten Taxis muss man jedoch den Preis aushandeln und dabei auch ein wenig feilschen.

Verglichen mit den europäischen Preisen ist Ghana ein recht günstiges Reiseland. Im Vergleich zu Asien sind Unterkünfte und Mahlzeiten jedoch wiederum recht teuer. In den vergangenen Jahren sind die Preise in Ghana gestiegen. Wenn man sich für einfache Hotels und Restaurants entscheidet, kommt man mit 25 bis 40 Euro pro Nacht und mit 5 bis 15 Euro für die Verpflegung pro Tag durchaus hin. Die öffentlichen Transportmittel sind sehr günstig, auch in Taxis in den Städten.

Trinkgelder

Im Restaurant wird im Allgemeinen ein Service-Aufschlag zur Rechnung hinzugefügt. Eigentlich ist dieser bereits das **Trinkgeld für den Kellner**, aber man kann sich nicht sicher sein, ob der Kellner das Geld auch wirklich erhält. Bei einem besonders freundlichen Service kann man der Bedienung also guten Gewissens eine Kleinigkeit in bar geben. Ein Richtwert sind etwa fünf bis zehn Prozent der Rechnung.

In Ghana begegnet man überall selbsternannten Fremdenführern. Es gibt einige Plätze, zum Beispiel in Nationalparks, wo man nicht ohne bewaffneten Führer losziehen darf, bei Ökotourismus-Projekten oder an verschiedenen besonderen Sehenswürdigkeiten, wo offizielle Guides zur Verfügung stehen. Ansonsten ist es nicht erforderlich, einen der Guides zu engagieren. Der einzige Vorteil ist, dass man, sobald man sich mit einem von ihnen auf einen Preis geeinigt hat, von allen in Ruhe gelassen wird. Die meisten wissen kaum etwas über die Sehenswürdigkeiten.

Öffnungszeiten

Banken sind in der Regel montags bis freitags zwischen 08:30 und 16:00 Uhr geöffnet. Die Geschäfte müssen keine Beschränkungen beachten und öffnen einfach, wann sie möchten.

Zeitungen

In Ghana gibt es mehrere englischsprachige Zeitungen. Am meisten verbreitet ist der Daily Graphic, der täglich erscheint. Auch der Ghanaian Chronicle und die Ghanaian Times sind zuverlässige und aktuelle Informationsquellen. In Accra werden teilweise auch ausländische Zeitungen angeboten, jedoch zu stark überhöhten Preisen.

Diplomatische Vertretungen

Für die Bundesrepublik Deutschland:

Botschaft der Republik Ghana
Stavanger Straße 17
10439 Berlin
Tel: 0049 3054 7149 0
Fax: 0049 3044 6740 63
Email: chancery@ghanaemberlin.de
Öffnungszeiten: Mo-Do von 9:00 bis 15:30 Uhr

Es gibt außer der Botschaft in Berlin auch Honorarkonsulate in Düsseldorf, Offenbach, Hannover, Hamburg und München.

Für die Schweiz:

Ghana Embassy Bern
Belpstrasse 11
Postfach 5272
3001 Bern
Tel: (+41-31) 381 78 52 2/3/4)

Fax: (+41-31) 381 49- 41
Email:info@ghanaembassy.ch
Email:ghanaemb@tcnet.ch
Öffnungszeiten: Mo-Do von 9:30 bis 12:30 Uhr,
14:00 bis 15:00 Uhr und Freitags nur mit Termin.

Für Österreich:

Ghana hat keine Botschaft in Österreich. Zuständig für österreichische Staatsbürger ist die Botschaft in Bern.

Fotografieren

In Ghana sind viele Menschen aus verschiedenen Gründen kamerascheu. Man sollte immer vorher fragen, wenn man Fotos von Menschen machen will. Ein Nein sollte man in jedem Fall akzeptieren, weil es sonst zu unangenehmen Szenen kommen kann. Wer fragt, findet auch fast überall jemanden, der gerne für die Kamera posiert.
Man sollte genügend Akkus und Speichermedien mitbringen, denn es gibt nicht überall Material zu kaufen.
In Ghana herrschen teilweise erschwerte Bedingungen fürs Fotografieren. Tagsüber ist das Sonnenlicht oft sehr intensiv und die Schatten fallen entsprechend scharf aus. Staub kann zum Problem für die Kamera werden. Man sollte ein spezielles Putztuch oder Bürstchen dabei haben, um Staubpartikel von der Linse zu entfernen.

Maßeinheiten

In Ghana legen viele Menschen keinen großen Wert auf den kleinen, aber feinen Unterschied zwischen Meilen und Kilometern. Daher kann es immer wieder vorkommen, dass die beiden Angaben vertauscht oder vermischt werden. Man sollte also Entfernungsangaben immer zweimal überprüfen.

Rauchen

In Ghana wird sehr wenig geraucht. Generell gelten Zigaretten als ein Zeichen für einen allzu lockeren Lebenswandel. Während man losen Tabak fast nirgends in Ghana findet, sind Zigaretten in größeren Städten erhältlich. Sie sind vergleichbar günstig, aber man sollte nicht hoffen, die Lieblingsmarke hier zu finden. Bekannt sind Zigaretten der Marke 555 oder Rothmans.

Ashanti Stoffe

Sprachführer

Englisch:

Guten Tag (Morgen)	- Good Morning
Hallo	- Hi / Hello
Auf Wiedersehen	- God bye
Danke	- Thank you
Bitte	- Please
Ja	- Yes
Nein	- No
Prost	- Cheers!
Entschuldigung	- Sorry / Excuse me
Ich bin einverstanden	- Okay
Jetzt	- Now
Heute	- Today
Morgen	- Tomorrow
Gestern	- Yesterday
Hilfe	- Help!
Toilette	- Toilet
Ich heiße ...	- My name ist...
Wie heißen Sie?	- What's your name?
Ich hätte gerne ...	- I want ...
Was kostet ...?	- How much is ...?
Die Rechnung bitte!	- The bill please!
Teuer	- Expensive
Zu teuer	- Too expensive
Billig	- Cheap
Ich spreche kein Englisch.	
	- I don't speak English.

Der Eingang	- entrance
Der Ausgang	- exit
Der Markt	- market
Das Museum	- museum
Die Post	- post office
Der Bahnhof	- train station
Die Stadt	- town
Wieviel Uhr ist es?	- What time is it?
Ich bin krank	- I am sick.
Ich habe Kopfweh	- I have a headache.
Malaria	- Malaria
Sonnenbrand	- Sunburn
Wo ist die Bank?	- Where is the bank?
Wo ist die Apotheke	- Where is the pharmacy?
Ich möchte Geld tauschen.	
	- I want to change money.
Links	- left
Rechts	- right
Der Freund	- friend

Zahlen:

Eins	- one
Zwei	- two
Drei	- three
Vier	- four
Fünf	- five
Sechs	- six
Sieben	- seven
Acht	- eight
Neun	- nine
Zehn	- ten

Elf	- eleven
Zwölf	- twelve
Dreizehn	- thirteen
Vierzehn	- fourteen
Fünfzehn	- fifteen
Sechzehn	- sixteen
Siebzehn	- seventeen
Achtzehn	- eightteen
Neunzehn	- nineteen
Zwanzig	- twenty
Dreißig	- thirty
Hundert	- hundred
Tausend	- thousand

Wochentage:

Montag	- Monday
Dienstag	- Tuesday
Mittwoch	- Wednesday
Donnerstag	- Thursday
Freitag	- Friday
Samstag	- Saturday
Sonntag	- Sunday

Im Restaurant:

Reis	- rice
Fleisch	- meat
Huhn	- chieckn
Rind / Steak	- beef / steak
Ziege	- goat
Gemüse	- vegetables
Kartoffeln	- potatoes
Obst	- fruit
Fisch	- fish
Brot	- bread

Eier	- eggs
Salz	- salt
Kaffee	- coffee
Tee	- tea
Bier	- beer
Wein (rot/weiß)	- wine (red/white)
Saft	- juice
Wasser (abgekocht)	- water (boiled)
Frühstück	- breakfast
Mittagessen	- lunch
Abendessen	- dinner

Küstenszene in Accra

Register

Küste bei Accra

Impressum
ISBN: 9783744813242
© 2017: Beatrice Sonntag
Illustrationen und Bilder: Dagmar Schirra und
Katharina Haller
Herstellung und Verlag: BoD – Books on Demand,
Norderstedt